U0939146

制度水平对海归知识溢出效应的影响机理研究

ZHIDU SHUIPING DUI HAIGUI ZHISHI YICHU XIAOYING DE YINGXIANG JILI YANJIU

陈怡安 著

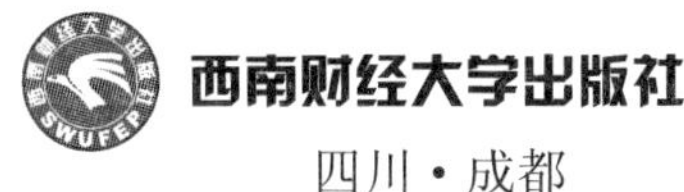

西南财经大学出版社

四川・成都

图书在版编目(CIP)数据

制度水平对海归知识溢出效应的影响机理研究/陈怡安著．—成都：西南财经大学出版社，2020.4

ISBN 978-7-5504-3391-5

Ⅰ.①制…　Ⅱ.①陈…　Ⅲ.①制度—影响—留学生—人才引进—知识经济—研究—中国　Ⅳ.①C964.2②F062.3

中国版本图书馆 CIP 数据核字(2020)第 054246 号

制度水平对海归知识溢出效应的影响机理研究

陈怡安　著

责任编辑：冯雪

封面设计：张姗姗　墨创文化

责任印制：朱曼丽

出版发行	西南财经大学出版社(四川省成都市光华村街 55 号)
网　　址	http://www.bookcj.com
电子邮件	bookcj@foxmail.com
邮政编码	610074
电　　话	028-87353785
照　　排	四川胜翔数码印务设计有限公司
印　　刷	郫县犀浦印刷厂
成品尺寸	168mm×236mm
印　　张	10
字　　数	186 千字
版　　次	2020 年 4 月第 1 版
印　　次	2020 年 4 月第 1 次印刷
书　　号	ISBN 978-7-5504-3391-5
定　　价	59.00 元

前　言

随着国内经济的持续增长、各地方政府引才计划的实施，中国已成为世界上最主要的“人才回流”和“人才环流”接纳国。《2017 海外人才就业分析报告》指出：中国 2017 年留学生归国人数突破 60 万，留学归国人数超过出国留学人数，实现“顺差”，大批海外人才“归巢”。中央及各地引才政策运行效果总体上良好，但仍存在尤为突出的海外人才引进后国内制度环境对其知识溢出效应的制约问题。例如，近几年频繁出现早期回国的科学家对国内的文化和环境难以适应，最终导致其“重新归海”。同时，海外高层次人才回国创办的企业大多数集中于高新技术或相关新兴产业，产权保护已成为海归人才创业时最关注的问题之一。但是现实中当一些知识产权保护争端诉诸法院后，法院对侵权的处罚力度并不够，甚至有时连法官也有“技术到底值不值钱”的疑问，这便造成海归创办的高科技企业成长性不强、发展潜力不足等问题，进而在很大程度上影响了海归知识溢出效应的释放。

由此可以看出，营造良好的制度环境对海归人才生存进而使其回流的知识溢出效应得到更大程度的释放具有非常紧迫的现实意义，能够为政府引才政策提供重要的理论与实践依据。

本书通过对前期文献的整理和评价，重点解决如下三个问题：①制度水平对海归知识溢出效应的影响机理是什么？②制度水平对中国海归知识溢出效应的影响效应如何？两者是正向关系还是负向关系？是否存在非线性的特征？③系统全面地估计制度各因素对中国海归知识溢出效应的影响，如作为正式制度重要影响因素的腐败、政府管制以及金融市场效率对海归知识溢出效应的影响如何？本书也是在这三个问题的基础上展开研究的。

本书的主要成果和创新之处如下：

第一，在理论方面，本书立足于国内外关于人力资本流动的知识溢出效应理论方面的最新进展，研究目前学术界关于人力资本流动国际知识溢出效应方面的两大挑战：一是厘清制度水平对海归知识溢出效应的影响机理；二是如何测度制度水平对海归知识溢出效应的影响。本书借鉴Coe等（1995）知识驱动增长理论模型的思路，通过考察各变量对全要素生产率的贡献来确定制度水平对海归知识溢出效应的影响来解决这两个难点。

第二，在研究视角方面，本书从回流国制度环境入手，将海归的知识溢出理论与制度环境纳入统一的分析框架，为海外高层次人才回流与回流国技术进步研究提供了一个新颖的视角。本书更加关注制度水平对海归知识溢出效应的影响机理及作用程度，在理论层面，有助于拓展和丰富“制度环境如何影响创新创业”以及“人力资本跨国流动”这两方面的文献。在实践和政策层面，本书对进一步做好吸收和利用海归释放的知识溢出效应，推动中国经济增长转型升级具有一定的指导意义。

第三，在计量方法方面，在分析制度水平对海归知识溢出效应影响时，对估计结果影响最大的难题是测量误差与遗漏变量以及反向因果关系引起的内生性问题，这些问题都会导致估计结果有偏差。本书将使用工具变量估计法、门槛面板模型、空间面板模型估计等方法，使我们的实证研究结果更具有科学性，结论更可靠，所得出的政策建议更具有可操作性和现实指导意义。总之，我们需要小心使用各种计量模型，以期更准确地得到制度水平对海归知识溢出效应的影响估计结果。

陈怡安

2020年2月

目　录

1　绪论

1.1　问题的提出

随着国内经济的持续增长和各地政府海外引才计划的实施，中国已成为世界上最主要的"人才回流"和"人才环流"接纳国（Beine et al., 2014）。《2017海外人才就业分析报告》指出：中国2017年留学生归国人数突破60万，留学归国人数超过出国留学人数，实现"顺差"，大批海外人才即将"归巢"。中央及各地引才政策的运行效果总体上良好，但是近几年频繁出现早期回国的科学家对国内的文化和环境难以适应，最终导致其"重新归海"。与此同时，海外高层次人才回国创办的企业大多集中在高新技术或相关新兴产业，产权保护成为其最为关注的问题之一，但目前我国对一些知识产权侵权案件的处罚力度并不够，侵权成本较低，这便造成海归人才不愿意在所创办的高科技企业中大量投入研发资源进而使企业成长性不强、发展潜力不足。上述情况说明目前海外人才引进后国内制度环境对其知识溢出效应的制约问题尤为突出①。

由此可以看出，营造一个良好的制度环境对海归人才生存进而使其回流的知识溢出效应②得到更大程度的释放具有非常紧迫的现实意义，能够为政府引

---

① 佚名. 知识产权保护不足 海归创业者：专利维权有困难.［EB/OL］.（2012-08-24）［2019-12-4］. http://www.chinanews.com/lxsh/2012/08-24/4132280.shtml.

② 目前人力资本跨国流动是国际知识扩散的新渠道（Luo et al., 2014）。且现有研究表明，国外研发投入通过国际贸易、FDI以及专利技术等知识扩散渠道直接影响一国的技术进步水平，进而影响经济的可持续增长（Frédéric et al., 2012；Stoyanov et al., 2014；Beine et al., 2014；Agrawal et al., 2016）。随着国际技术扩散研究的日益深入，学术界已逐渐认识到国际人力资本流动对一国科技进步和经济增长的重要影响。因此，研究制度环境对海归回流这一知识溢出新渠道的影响机理与作用程度是中国吸收海外研发存量的知识溢出，促进技术进步，实现中国经济长期增长的重大问题。

才政策提供重要的理论与实践依据。

同时，伴随着中国经济的强势崛起，一场没有硝烟的“人才战争”已悄然在全球打响。印度裔学者维维克认为，这是美国历史上第一次遇到逆向人才流失，这使美国的公司失去了可以带来创新与竞争力的人才，同时还创造了自己潜在的竞争对手。这当然是一个比较极端的说法，但从某种角度说明中国应抓住机会优化当前人才创新环境以吸引更多过去流失在海外的顶尖科技人才回国。因此，对营造有利于海归人才生存发展的制度环境进而使其知识溢出效应得到更大程度的释放进行研究显得十分必要。

人才高地高在制度环境（陈怡安，2017）。相关研究表明海外高层次人才回流如果没有一流的制度环境与之相匹配，人才创新活力就会在一定程度上受到束缚，难以充分涌流（路江涌，2014）。如果大批海外“高精尖”人才回流后无法适应本国的制度环境，那么就算拥有再先进的技术可能也无济于事，因为人才的优势会被无法适应制度环境所产生的成本耗尽（Wheeler et al.，2015；Agrawal，2016）。

基于以上背景，本书认为考察我国制度环境对海归知识溢出效应的影响机理与效应颇有必要，能够为我国政府制定吸引海外人才归国的引才政策提供决策支持。本书拟在前期学者研究的基础上，对制度环境影响海归知识溢出效应的问题进行深入研究，并主要解决以下问题：制度水平对海归知识溢出效应的影响机理是什么？制度水平对中国海归知识溢出效应的影响效应如何，两者是正向关系还是负向关系，是否存在非线性的特征？系统全面地估计制度各因素对中国海归知识溢出效应的影响，如作为正式制度重要影响因素的腐败、金融市场效率对海归知识溢出效应的影响如何？制度距离对中国海归知识溢出效应的影响如何？制度距离对海归知识溢出效应的影响是否存在门槛效应？

1.2 研究意义

1.2.1 理论价值

本书具有重要的理论价值。

其一，我国关于人才跨国流动的研究大多围绕人才回流知识溢出方面，本研究从制度视角入手，将海外人才回流的知识溢出理论与制度环境纳入统一的分析框架，试图发现制度水平作用于海归知识溢出效应的链式机理，为我们理解如何更大程度地释放海外人才回流的知识溢出效应提供了一个新的重要视角。

其二，目前对海归知识溢出效应的研究是劳动经济学领域的一个较为前沿的问题，国内外以制度环境对海归知识溢出效应的影响为主线的研究文献还不多见。本研究将全面、系统地研究制度水平、制度距离对海归知识溢出效应的影响，将为腐败程度、政府管制强度、金融市场效率等对海归知识溢出的影响效应提供新的经验证据，通过强调制度在海归知识溢出效应中的重要作用来扩展以往的研究，进而推动知识溢出相关理论的发展。

1.2.2 应用价值

本书具有重要的应用价值。

首先，如何识别制度环境对海归知识溢出效应的影响不仅是理论上的难题，也是实践中迫切需要解决的问题。在理论层面，本书将为政府后续制定适合海归人才生存发展的制度环境提供相关理论与决策依据，同时为政府制定吸引海外人才归国的引才政策提供决策支持。在实践层面，本书对如何优化制度环境以更大程度地吸收海外人才回流的知识溢出效应从而推动中国经济增长转型升级具有非常紧迫的现实意义。

其次，本书基于十九大报告以及《国务院关于促进创业投资持续健康发展的若干意见》（国发〔2016〕53 号）中提出的增强金融服务实体经济能力和扶持海归人才创新创业的金融政策，但这些金融发展政策是否真正有效地加快了海外人才回流对中国技术进步的影响还没有确切的答案。因此，在当前海归创业日盛、金融市场发展迅速但不稳定等因素凸显的背景下，我们有必要研究中国应如何根据自身状况完善金融市场环境，提高海归企业融资效率，因地制宜、量体裁衣，适度引进海外高层次人才。

最后，本书将全面考察政府管制强度对海归知识溢出效应的影响。在政策层面，本研究及时回应了中国新一届政府努力推行的“简政放权”改革，通过促进潜在海归人才的创新创业活动，来探讨政府部门的“简政放权”是否有助于促进“创造性破坏”的创新型经济增长。另外，如果各地区政府管制强度过高，是否会导致海外人才回流释放的知识溢出效应受到抑制，对中国技术进步难以产生促进作用的风险。本书将为政府就当前如何使政府管制水平与激发海归人才创新创业活力保持最佳匹配度提供决策支持。

1.3 研究思路与结构

1.3.1 研究思路

本书将紧紧围绕制度环境影响海归回流这一主线，讨论中国制度环境对海归知识溢出效应的影响。具体而言，本书重点要解决以下问题：

1.3.1.1 理论方面

其一，本书构建了制度环境影响海归知识溢出效应的理论模型。根据理论模型得出结论：当制度水平上升时，海归释放的知识溢出效应与经济增长率也将上升。

其二，本书在理论上构建了一套全面而完善的制度影响海归知识溢出效应的渠道。本书将正式制度中的政府管制、产权保护水平、腐败、金融发展水平以及开放度看作影响海归知识溢出效应的五个渠道。

1.3.1.2 经验方面

本书定量研究制度水平对海归知识溢出效应的影响程度，并在此基础上，进一步研究中国金融发展对海归知识溢出效应的影响程度以及腐败水平对海归知识溢出效应的影响。

遵循上述问题，本书的基本研究思路如下（见图 1.1）：

首先是对与本书相关研究的理论基础进行分析，笔者分别从人才回流对回流国技术进步的影响、海归知识溢出效应、海归知识溢出效应影响因素、制度水平与海归回流动机、制度水平对海归知识溢出效应的影响等方面展开，为后文打下坚实的理论基础。

其次对我国海归回流现状进行分析，进一步把握中国海归回流变化过程。在此基础上，本书进一步分析、总结海归知识溢出产生的理论机理以及国际知识溢出渠道等，从而为后续经验研究提供必要的理论基础。

完成理论研究之后，便进入经验研究，即采用实证研究的方法考察制度水平对海归知识溢出效应的影响。最终得到第 4 部分的重要结论之一：制度水平对海归回流的知识溢出效应的影响为正，通过金融市场效应、产权保护效应、开放效应对海归知识溢出效应的释放产生了积极效应，而腐败与政府管制效应对海归知识溢出效应的释放产生了抑制效应。

以第 4 部分的这一初步结论为铺垫，本书随后分别从两个维度展开研究，第一个维度是研究金融发展水平对海归知识溢出效应的影响，具体考察海归知识溢出对技术进步的影响是否存在基于区域金融发展水平的“门槛效应”（第5部分）；第二个维度是研究腐败程度对海归知识溢出效应的影响，得出腐败水平与海归知识溢出效应之间存在明显的非线性关系和阶段性特征（第6部分）。

最后本书给出研究结论、政策启示，并指出局限性和展望未来可能的研究方向。

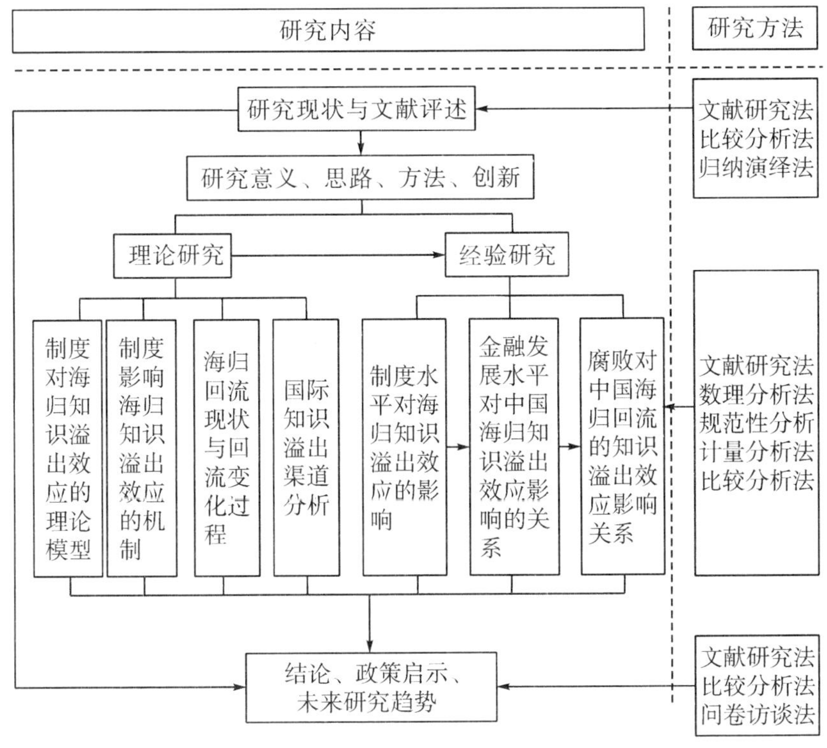

图 1.1　研究思路与基本框架

1.3.2　研究结构

本书研究结构如下（见图1.2）：

第1部分，绪论。本部分从问题的提出、研究意义、研究思路与结构、研究方法和研究贡献与创新五个方面，确定本书的整体框架和研究过程。

第2部分，制度与海归知识溢出效应的文献评述。本部分对制度与海归知识溢出效应进行了评述，找到了目前现有研究的不足，进而引出了本书的研究重点。

第3部分，对海归人才回流研究现状与相关理论基础进行分析，了解了中国海归回流的变化过程。同时，本部分进一步梳理了该领域的理论基石，为后文经验研究的模型选择找到了理论依据。

第 4 部分，研究制度环境对海归知识溢出效应的影响。本部分分析了制度环境影响海归知识溢出效应的影响机制，为制度环境如何影响海归知识溢出效应提供了一条具体而完整的作用渠道。本部分基于中国 1995—2017 年省级面板数据，评估了制度环境对海归知识溢出效应的影响。

第 5 部分，以第 4 部分为铺垫，研究金融发展对海归知识溢出效应的影响。本部分基于中国 1995—2013 年省级面板数据，深入考察了区域金融发展水平与海归回流对中国技术进步影响效应的关系，发现金融发展水平与海归知识溢出效应之间存在明显的非线性关系和阶段性特征。

第 6 部分，以第 4 部分为铺垫，研究腐败对海归知识溢出效应的影响。本部分引入腐败水平的“双刃”性，验证了海归回流对中国技术进步影响效应的非线性关系。基于中国 1995—2015 年省级面板数据，本书发现：从全国范围来看，当腐败水平低于第一门槛值时，腐败对中国海归知识溢出具有“润滑效应”，而当腐败水平跨过第一门槛值后，腐败会对中国海归知识溢出具有明显的“摩擦效应”。

第 7 部分总结了本书的主要结论、政策启示及研究展望与不足。

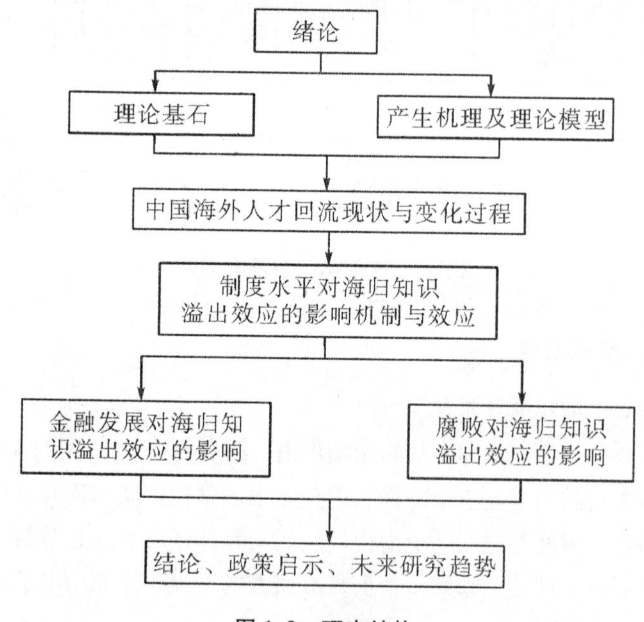

图 1.2　研究结构

1.4 研究方法

本研究的关键问题是分析制度水平对海归知识溢出效应影响的非均衡性以及制度距离如何影响海归知识溢出效应。本研究将采取经典以及成熟的计量经济模型来估计制度环境对中国海归知识溢出效应的影响。主要研究方法包括以下三种。

1.4.1 门槛面板模型

本研究通过使用门槛面板模型估计制度水平各因素（腐败、金融市场效率等）对海归知识溢出效应的影响程度，这样做的合理性在于：在研究结构突变点的问题方面，Chow（1960）的邹氏检验主要用于判断结构在预先给定的点是否发生了变化。但使用此方法的前提是必须清楚结构突变点的位置，即验证是否存在突变点。同时，在考察海归知识溢出影响因素的这些结构突变问题时，常用的方法是分组回归或加入解释变量的二次项，或者是加入虚拟变量或交乘项。但是在以往的文献中，上述方法可能存在一定的局限性，例如在解释变量中加入解释变量的二次项，往往会导致比较严重的共线性问题；而在分组回归方法中，如何确定分界点是非常棘手的，因为某些变量的变化往往存在滞后性，由此产生的错误的分界点会导致严重的偏误。但自从 Tong（1978）提出门限自回归模型后，这种非线性时间序列模型在经济和金融领域得到了广泛的应用。2005 年学者 Girma 开始利用门限自回归方法构建非线性计量模型，并将其运用到 FDI（外商直接投资）技术外溢过程中，研究这一过程中的吸收能力的门槛效应。从研究内容来看，Tong 提出的门限自回归方法实际是分组检验方法的另一种研究形式，只是这种方法多运用于时间序列数据。客观而言，门限自回归模型比一般的计量方式更具优势，它能通过研究门限变量来测算不同的分界点，并通过观察门限变量的变化值来确定实际的门限值。相比其他计量方式，门限自回归模型的研究方式能够避免人为因素对确定分界点的影响。因此，本研究选择利用门槛面板模型实证检验腐败水平以及金融市场效率对海归知识溢出效应的影响。

1.4.2 空间面板模型

本研究通过使用空间面板模型分析制度水平对海归知识溢出效应影响的空

间集聚特征，这样做的合理性在于：作为用于研究空间效应（空间依赖性与异质性）的成熟方法，空间面板模型已经被广泛地应用于分析各类经济现象（Anselin et al.，1998，2004；Anselin，2001，2002；Florax et al.，2003）。例如，在考察同伴效应、相邻效应、溢出效应或网络效应时，我们都需要明确地考虑空间因素。但是到目前为止，采用空间面板模型研究人才跨国流动对一国技术进步影响效应的文献并不多见，并且传统的面板模型在描述数据空间特性时，更多的是强调空间异质性，而忽略了空间相关性，这在一定程度上影响了估计模型的稳健性。因此，本研究将利用空间面板模型分析制度水平对海归知识溢出效应的空间相关性特征。

1.4.3 IV 估计、面板 GMM 估计

本研究将使用IV 估计、面板 GMM 估计检验中国各省市制度水平对海归知识溢出效应的影响程度。为使研究结论更可靠，本研究将进一步使用断点回归、PSM（倾向得分匹配法）、合成控制法等消除内生性问题，以期更准确地得到制度水平和制度距离对海归知识溢出效应的影响估计结果。

1.5 研究贡献与创新

1.5.1 研究角度新颖独特

本研究从回流国制度环境入手，将海外人才回流的知识溢出理论与制度环境纳入统一的分析框架，从而揭示制度环境对海归知识溢出效应影响的重要性，通过强调制度在海归知识溢出中的重要作用而扩展了以往的研究，这是本研究的最大创新，为海外高层次人才回流与回流国技术进步的研究提供了一个新视角。

1.5.2 揭示制度水平作用于海归知识溢出效应的链式机理

本研究为制度环境如何影响海归知识溢出效应提供了一条具体而完整的作用渠道，以解决目前海归知识溢出效应方面的两大难题：一是寻求制度影响海归知识溢出效应的机理，二是如何测度制度水平和制度差距对海归知识溢出效应的影响程度。在理论层面，解决这些问题有助于拓展和丰富“制度环境如何影响创新创业”以及“人力资本跨国流动”这两方面的文献；在实践和政策层面，这两个问题对进一步做好吸收和利用海归人才释放的知识溢出效应，

推动中国经济增长转型升级具有一定的指导意义。

1.5.3 研究方法创新

本研究使用先进成熟的门槛面板模型分析金融市场效率、腐败程度等对海归知识溢出效应的影响，并使用工具变量估计法、空间面板模型估计等方法，使我们的实证研究结果具有科学性，结论更可靠。本研究所得出的政策建议更具有可操作性以及现实指导意义，能帮助我们厘清制度环境中腐败、金融发展等对海归知识溢出效应的影响，也能帮助我们理解海外人才回流对中国经济长期增长的影响。

2 制度与海归知识溢出效应的文献评述

自 Mountford（1997）和 Stark 等（2002）的开创性研究以来，人力资本回流方面的理论引起了学界的广泛关注。目前多数研究主要集中在人才回流知识溢出的概念以及人才回流知识溢出与技术进步、经济增长的关系上。然而，近期的理论与经验研究表明，人力资本跨国流动在知识溢出渠道中扮演的角色日益重要。此外，在中国这样的发展中国家，制度环境对人力资本跨国流动释放的知识溢出效应影响、制度水平对海归知识溢出效应影响机理以及制度水平、制度距离对海归知识溢出效应的影响，等等，这些问题所涉及的各领域都在人力资本跨国流动方面发挥着越来越重要的作用（Keller，2004；Yasuyuki，2006）。由此，本研究引出了制度对海外高层次人才回流知识溢出效应影响机制与作用程度这样一个崭新的研究问题。

2.1 关于人才回流对回流国技术进步的影响

根据人民网海外版 2007 年《“海归为中国带来了什么”大型调查》，我们可以发现海归对中国技术进步的贡献主要体现在三个方面：一是海归回国创业，推动了国内新经济、新技术、通信、传媒等诸多领域的发展以及传统产业的发展；二是海归企业中涌现了一批重大技术创新项目，推动了由“中国制造”转变为“中国创造”的发展进程；三是海归受其文化经验、人文精神以及国际人际关系网络等各个方面的影响，已经成为中国与世界全方位接轨的催化剂。目前已有许多发达国家意识到高科技人才对于经济发展的重要性。据美国国家科学理事会的统计，美国大约有 35%的科学与工程博士来自外国，其中 22%来自中国大陆，4%来自中国台湾，远高于排在第二名的印度的 14%，这意味着这些人力资本为美国科技进步做出了巨大贡献（Kapur et al.，2009）。

并且，有学者认为目前绝大多数回流海归的能力处于中等水平，总体上看，他们并非能力水平相当高的顶尖科技创新人才（Beine et al.，2014），因此，如何设计一套富有竞争力的引才机制以吸引顶尖科技人才回国值得我们思考。

理论上，海归在国外留学，受到了国外大学的学术熏陶以及导师的严格训练，在科研能力和创新能力方面有一定优势。还有一些海归博士掌握了一定的技术成果及专利产品，特别是在一些高科技领域，如通信集成电路、基因科技、生命工程等领域，同时，他们还掌握着与国际同步的科技成果，因此，海归回流往往能带回国际领先的高新技术或专利（李平 等，2011）。

实证方面，Dai（2009）利用收集到的北京中关村科技园区的中小企业调研问卷（包括353份海归企业家与358份本土企业家），发现海归企业家在专业技术、商业知识以及国际社会网络方面的优势，能促使中小企业的海归企业比本土企业的经营业绩更好，同时研究表明在高科技园区的国际社会网络对公司经营业绩有积极的影响。Luo等（2014）利用非线性估计方法，发现海归是本土企业创新的助推器，研究表明海归对专利技术引进、创新方面具有积极的影响效应。在控制了研发支出变量后，Luo发现有海归在领导岗位的企业的专利技术引进明显多于非海归企业的。另外McCormick等（2005）认为海归加快了金融资本的积累，积累了大量回国后能进行企业投资的新的有用技能。Commander等（2004）的研究表明海归在海外留学期间获得了更多的技能与更好的教育资源，这能够提升回流国的人力资本存量并且对经济发展产生有利的影响。Choudhury（2016）利用印度一家财富50强研发中心的样本数据，实证检验了海归人才比非海归人才能创造更多的专利技术。

彭中文（2006）的研究表明，人力资本跨国流动将使知识跨区域转移，从而产生知识的外部效应。林琳（2009）认为海归回流带来了宝贵的技术和经验，能为中国经济发展做出贡献。但是这些研究主要从定性方面出发，并且在中国这样的发展中国家，缺少关于海归对本国技术进步影响程度的经验证据。

2.2 关于海归知识溢出效应方面的研究

学者们已在海归知识溢出效应方面的前期文献中形成共识：由于创新知识具有非排他性、非竞争性的特性，海归企业、海归个人无法独占其创新收益，因此在相当长的时间内，海归将始终引领创新、释放其知识溢出效应并对当地技术进步产生促进作用（Stam et al.，2014）。

在理论方面，就海归知识溢出产生机制领域，目前国内外学者主要是从国际贸易（Grossman et al.，1991；李平，2006）、外商直接投资（Lichtenberg，1996）以及专利申请和专利引用（Eaton et al.，1996）三个方面研究知识溢出效应，并且已经形成较为系统的理论框架。随着国际技术扩散研究的日益深入，学术界逐渐认识到国际人力资本流动也是一国科技进步和经济增长的重要影响因素。海外归国人员可以给回流国带来丰富的人力资本、物质资本和社会资本。比如，Commander 等（2004）对印度的研究发现，印度很多高新科技企业都是由海外高层次人才回国创办的，印度南部的 IT（信息技术）业重镇班加罗尔，到 2007 年年底已经聚集了从美国和英国回流的 40 000 多名 IT 业人才，成为印度 IT 技术崛起的重要推动力（Mitze，2016）。目前通过对已有相关研究和对各国实践经验的回顾梳理，我们发现海归对回流国知识溢出效应的影响机制主要归纳为人力资本效应、竞争效应、产业集聚效应以及网络效应等。

2.2.1 人力资本效应

人力资本效应主要体现在发达国家较高的教育回报率会促使外流国的个人增加教育投资以获取外流机会，而较高的外流门槛会使一部分接受过良好教育但没有获得外流机会的人留在本国，这在一定程度上提高了本国的人力资本水平（李平 等，2013；Agrawal et al.，2011；McCormick et al.，2012；Commander et al.，2004；Saxenian，2006）。

2.2.2 竞争效应

竞争效应是指，作为高层次人力资本，海归会在一定程度上减少国内高新技术领域的就业机会，产生“职位挤出效应”（余林徽 等，2013），进而激励国内人员通过在职教育或参加职业技术培训等渠道来提高自身的职业技术水平，从而提高本国整体的人力资本水平（Mountford，1997）。

2.2.3 产业集聚效应

由海归引致的人力资本流动及再配置过程会使企业的区位选择趋于地理上的集中，从而产生产业集聚效应（许家云，2013），在这个过程中企业会进一步通过劳动力流动、关联、示范以及外溢效应带动本地企业的技术升级，进而对集群的技术升级产生促进作用（蒋殿春 等，2008）。海归企业知识溢出和产业集聚之间的关系表现为累积循环因果关系（Audretsch et al.，2010），在人员流动内生的条件下，较高的技术水平将提高生产效率并进一步促进集聚，而较大规模的人员流动为知识溢出与集聚活动提供了更多渠道，技术交流的模式更加专业化和富有效率，最终形成海归创业、人员流动、产业集聚与知识溢出的良性循环（李平 等，2011）。

2.2.4 网络效应

海归可能拥有特定的社会资本，这类社会资本提供了企业内部无法获取的信息资源（Davidsson et al.，2010）。海归企业家可以利用自己在海外学习和工作建立起的社会资本来获取知识。研究发现社会关系网络会促进知识外溢效应，并且社会资本的空间分布会影响知识流动（Agrawal et al.，2016）。另外，海归可以通过加强贸易及投资往来等社会网络促进技术转移与技术进步（Kapur et al.，2009）。

经验方面，Liu 等（2010）研究了海归企业家的知识溢出与创新的关系，他认为海归企业家在新兴经济体中的高科技企业对知识溢出与创新有正向影响作用，海归回流和跨国公司员工在流动过程中伴随着显著的知识溢出效应，并且发现园区 FDI 对本地知识溢出与创新呈负相关。Li 等（2012）研究了海归企业家与本土企业家在中国创业的差异，发现与本土企业家相比，海归企业家有更高的学历和海外留学经历的优势，因此更有利于其知识溢出效应的释放，但他们在母国相对欠缺本地社会关系网络。Filatotchev 等（2011）利用北京中关村科技园区的 1 318 份调查问卷，研究了在中国高科技企业中的海归企业家与其创新方面的知识溢出效应。他发现海归企业家相对本土企业家存在释放显著的国际知识溢出效应现象，但该文献没有进一步分析海归企业家的国际知识溢出效应是否与本土制度因素有关系。Liu 等（2015）假定海归对本国知识溢出有促进作用，那么回流的海归数量越多，就越能通过某些特定渠道对本国知识积累产生积极效应。Burns 等（2008）探讨了国际移民与技术进步的关系，研究表明伴随着国际贸易和对外直接投资，国际移民可能会成为技术转移的重要渠道。Stoyanov 等（2014）考虑了人力资本流动的知识溢出效应，认为先前在外资企业有工作经历的人员，由于了解外资企业的技术、管理等知识，因而在流动到内资企业（包括自己创业）时，会提高内资企业的生产率。Le（2008）利用面板协正方法验证了跨国劳动力流动能促进技术转移，实证结果显示国际劳动力流动能在东道国与回流国之间进行技术转移，并且人力资本对研发溢出过程起着决定作用，因为人力资本增进了该国学习外国技术的能力。综上可以看出，前期学者在海归知识溢出效应方面提供了类似的经验证据，并为开展本研究奠定了良好的基础。

2.3 关于海归知识溢出效应影响因素方面的研究

海归回流产生的知识溢出效应并不是伴随海归回流的发生而自动产生的，它受诸多因素的制约，如本土经济水平、人力资本水平、对外开放度等方面都会对海归回流引致的知识溢出效应产生影响。

在本土经济水平方面，研究表明只有当某个地区的经济总量达到一定水平时，才会出现海外人才大量回流并集聚的现象。有学者也通过实证发现，当国内生产总值（GDP）达到4 000美元时，海外人才便开始大量回流，从而促进了海归知识溢出效应的产生，韩国以及我国香港、台湾地区的发展历程都印证了这一规律（朱敏 等，2013），这也是国际知识溢出效应多发生在发达国家和发达地区的原因。

在对外开放度方面，研究表明对外开放度越高，就越能增加海归知识溢出效应的外部来源，也就越能为海归知识扩散创造条件，但就目前而言，发展中国家和地区利用海归知识扩散路径的市场基础尚不完善（万玺，2013）。Gibson等（2014）实证了对外开放规模与海归知识溢出效应之间的正相关关系。研究表明海归回流与其回流国经济开放度高度相关，有序开放的经济为海归提供了政策支持、回流渠道与良好环境，也就有利于海归知识溢出效应的产生（高子平，2012）。

在人力资本水平方面，Kenney等（2013）实证考察了东道国人力资本水平对回流国知识效应的影响，发现人力资本存量低、相对贫穷的发展中国家并没有产生知识溢出效应，而在打破人力资本瓶颈的中等收入发展中国家的海归对其技术进步与经济发展能起到积极的推动作用。刘志彪等（2006）认为东道国的人力资本水平是海归回流引进的先进技术被吸收利用的关键因素。Samet（2014）研究了人力资本对东道国经济增长的作用，发现东道国人力资本水平对其经济增长有着显著的影响，人力资本的学习、模仿和创新能力是技术进步的关键。

在科研环境方面，海归知识溢出效应释放的一个重要前提条件是回流国各省份为海归提供良好的科研环境和充足的科研经费（杨河清 等，2013）。

在产业集群方面，处于产业集群中的海归企业的知识溢出效应一般都比较显著，而且产业集群化的程度越高，溢出效应就越大（Gibson et al.，2014）。由于行业（产业）的集群效应能大大降低企业交易成本，而且集群内企业还能获得企业外部的知识、信息、技术，基于集群内的本土企业，在海归企业的竞争效应和示范效应双重驱使下，将加大对技术的模仿、学习和创新力度。另外，本土企业也通常加入集群内海归企业产业链条的一些环节，海归知识溢出效应的联系效应得以加强。Audretsch 等（2010）研究了创新活动的空间分布以及产业间的聚集效应，利用创新方面的数据对此进行了验证，发现创新活动存在地理上的空间集聚效应，因为绝大多数高科技企业位置都比较接近。此外，研究还发现如研发企业、高校研究所等有更强的产业集群倾向，这说明由海归引致的人力资本流动能产生产业集聚效应。

在吸收能力方面，研究表明具有较高吸收能力的公司更有可能从海归企业和跨国公司的研发活动中收益。在 FDI 领域，Borenstein（1998）发现 FDI 对一国经济增长的影响受东道国人力资本水平临界值的影响，即只有当东道国人力资本存量足够丰富时，东道国经济才能吸收 FDI 带来的知识溢出效应。并且，Xu 等（2002）则对 Borenstein（1998）关于人力资本衡量的吸收能力临界值效应进行了检验，结果发现随着样本的人力资本存量值增加，FDI 的技术溢出效应值越来越明显。而一地区人力资本吸收能力在一定程度上会影响该地区知识溢出效应的释放。但是由于数据的可获得性，国内外学者关于本土吸收能力对海归知识溢出效应释放方面的研究较少。陈怡安等（2013）利用国家留学基金委以及《中国教育统计年鉴》相关统计数据，研究了本土人力资本吸收能力对海归知识溢出效应的影响，估计结果表明中国各省市海归回流的知识溢出效应与当地人力资本水平（吸收能力）正相关。并且借鉴 Hansen（1999）的门槛面板模型估计了本土人力资本水平与海归知识溢出效应具有非线性关系。

根据以上对海归知识溢出效应影响因素的评述，笔者发现，虽然前期学者从不同角度研究了影响海归知识溢出效应的因素，并提供了初步的经验证据，但仍有一系列尚待研究的问题。如，North（2000）认为对处于经济转型期的国家来说，制度方面的欠缺会在很大程度上影响一国对于海归知识溢出效应的吸收，同时也会制约其对海归回流释放的知识溢出的有效利用。那么制度因素如何影响中国海归回流的知识溢出效应呢？制度因素影响海归知识溢出效应的机理是什么？作为正式制度重要影响因素的法律制度，如腐败、政府管制对海归知识溢出效应的影响如何？并且作为正式制度重要影响因素的经济制度，如金融发展对海归知识溢出的影响效应又如何？现有文献虽然尚未从不同方面系统全面地研究影响海归知识溢出效应的因素，但上述研究仍为本研究的开展奠定了良好的基础。

2.4 关于制度水平与海归回流动机方面的研究

随着中国海归回流规模的迅速扩大，制度因素对海归回流动机的影响问题日益得到重视（许家云 等，2013）。并且随着近几年中国经济的快速发展，国内也出现了一股“智力回流”的浪潮。而引起这种回流的原因除了个人主观因素，如年龄、婚姻、家庭等因素外，个人所处的经济制度环境也同样会对其产生影响（许家云 等，2013）。林琳（2009）认为智力回流的动机涉及很多因素，但回流国在社会、经济、政治等方面的基本制度特征是不应被忽略的。

在此相关领域，戴翔等（2015）利用 1993—2010 年我国区域层面的面板数据，揭示了我国制度的完善程度对中国海归回流动机具有显著的正面影响。研究还发现，回流国的对外开放度、人力资本、资本有机构成、基础设施以及外资利用也对吸引海归回流起到了一定的促进作用。同时许家云等（2013）利用中国与 64 个国家和地区 1992—2010 年的智力回流数据，研究了东道国的制度质量、东道国与中国之间的制度距离等因素对中国智力回流动机的影响，发现制度因素是阻碍中国智力回流的重要因素，不同发展水平东道国的制度质量对中国智力回流均具有显著的负面影响，同时中国智力回流存在明显的制度距离逃离现象，发达国家和地区的文化制度、法律制度和经济制度对中国智力回流均具有显著的负面影响。潘镇等（2008）则利用 1985—2001 年我国省际面板数据对海归回流分布所在省市的制度和政策因素进行实证研究，他们发现，市场经济发育程度、政府效率和节俭程度、有效的产权保护有利于吸引海归回流。张宏等（2009）利用 114 个回流国的截面数据考察了回流国区位制度因素对中国海归数量的影响，结果发现，回流国制度质量、宗教多元化对中国海归回流数量影响显著。陈怡安（2013）利用近 100 个国家或地区的资料，发现自由开放的经济体制、完善的法律制度和清廉高效的政府对吸引海归回流有明显的促进作用。同时相关学者进一步研究了法律制度对海归回流动机的影响，Smarzynska 等（2010）的研究结果表明，回流国的腐败不仅降低了海归回国创新创业的热情，同时也迫使海归企业家采取风险较低的方式经营企业，这在一定程度上抑制了创新活力的释放。Branstetter 等（2009）运用 22 个转型经济体企业层面的数据考察了政治腐败对海归回流创业的影响，实证研究发现，回流国的腐败程度越高，海归回流的可能性就越小，而回流国政治腐败程度的减弱也会促使海归回流创新创业，并且该文作者指出，海归企业家通常会和本土企业有一定合作，这样做是为了利用本土人员的优势降低与当地官员的交易成本。

另外，部分学者还研究了回流国文化制度对海归回流的影响，如 Lorre 等（1995）发现，文化差异是影响美国海外人才回流的重要因素。Flores 等（2007）运用墨西哥 100 家最大的海归企业 1980—2000 年的数据考察了海归回流创办企业区位选择的决定因素，结果发现，海归留学时所在东道国与墨西哥文化相近的，那么该东道国相对会吸引更多的海归回流。

2.5 关于制度水平对海归知识溢出效应的影响研究

关于制度水平对海归知识溢出效应的影响是最近被学术界认识到的一个重要问题。根据中国与全球化智库（CCG）的《2015 年中国海归就业与创业报告》数据显示，在对海归回国后国内制度环境的融入程度的调查中，发现有半数以上的海归回国后难以融入国内环境。海归留学会离开国家很多年，国内许多行业的规章制度不够完善很可能使这些习惯按西方法律规则办事的海归无所适从，进而影响海归人才的知识溢出效应。海外高层次人才虽然在国外累积了大量的知识资本，但大部分都是隐性知识、行为技巧或者所谓的“浸入经验”，如何将其在国内制度环境中成功转移和有效应用显得十分重要，否则很可能导致海归所拥有的知识成为被搁置的资源，没有发挥其应有的作用（Elert et al.，2017）。张信东等（2016）的研究发现留学人员长时间在国外生活工作，他们习惯了西方的理性思维方式，回国以后在处理问题上可能过于理性化，常出现与国内制度环境格格不入的现象，大批海外高层次人才回国后面对国内复杂的人情社会和人际关系显得有些力不从心。但上述问题目前也逐渐受到重视。例如，《2017 中国海归就业创业调查报告》中指出，在吸引高层次人才回流方面，政策应完善的制度保障政策包括：提高人才薪酬福利待遇、搭建青年海归人才交流平台、建立人才补贴制度、解决户籍住房、加强知识产权保护等。但是这些研究主要从定性方面出发，并且在中国这样的经济转型国家，尚缺少关于制度水平对海归知识溢出效应影响程度的经验证据。

在理论层面，制度基础观认为，制度环境及其变迁影响并决定了企业如何有效配置资源，进而影响企业创新水平（North，1990；Aguilera et al.，2003）。在中国的制度转型背景下，政府逐渐让位于市场交易规则，此背景下形成的变通性制度安排对海归企业行为产生了双重影响，它既能够帮助海归企业家发挥自己的才能，从事生产性的创新活动，加速海归知识溢出效应的释放（Mcgaughey et al., 2016），又是寻租腐败等非生产性活动泛滥的根源所在。胡永刚等（2016）从微观角度的研究认为制度环境将影响海归企业在生产性活动与非生产性活动中的配置状况从而影响海归企业成长，并最终抑制海归知识溢出效应的释放。

在经验层面，目前在多数关于制度与海归知识溢出效应的文献中，一部分学者认为制度水平与海归知识溢出主要存在正向关系。持这个观点的学者认为制度缺失在一定程度上是制约海归知识溢出效应的。如，Glaeser 等（2015）的研究发现，在健全的制度环境下，成熟的公司治理体制和发达的资本市场更注重维护中小海归投资者的利益，它们提升了商业活动和海归投资的效率，减少了海归外部融资的成本，提高了海归回流释放的知识溢出效应。Dreher 等（2013）认为政府管制对海归知识溢出效应的影响与制度质量有关，发现更烦琐的开办企业的程序和更高的最低资本要求会显著减少海归高科技企业的涌现，进而在一定程度上抑制了海归知识溢出效应的释放。同时，Kandilov 等（2016）分析了企业所处地区的制度环境对当地海归企业研发活动的影响。他们发现海归企业所处地区政府干预水平越低，产权保护水平越高，金融市场效率水平越高，海归企业越倾向于进行研发活动并提高研发投入强度，进而促进海归知识溢出效应的释放。另外，Mariuscristian（2017）利用世界银行和《世界经济自由报告》的数据，检验了制度环境各因素与海归回流创新创业的关系，发现自由开放的经济体制和政府的优惠政策成为海归企业首要考虑的因素，同时制度因素比经济因素等硬环境更为重要。

更为重要的是，Zhu 等（2017）基于内生增长和制度视角，探讨了制度水平对人才流动知识溢出效应的影响。他们发现制度水平与人才流动知识溢出具有正向关系，这意味着人才流动在商业便利化程度越高、知识产权保护力度越大的国家将释放出更多的知识溢出效应。Coe 等（2008）发现制度上的差异影响了人才流动知识溢出效应的程度。研究认为，营商环境相对较好的国家，往往能从人才回流释放的知识溢出效应中获益更多。而不足之处是没有系统分析特定制度因素对海归知识溢出效应的影响程度，但该文为本研究的开展奠定了良好的基础。Minbaeva 等（2014）利用巴西 2000—2012 年数据，从母国（巴西）制度环境视角考察制度因素对海归人才回流知识溢出效应的影响，发现巴西目前的教育扶持、科技扶持、金融支持、政策开放度和知识产权保护对海外人才回流释放的知识溢出效应有显著的抑制效应。

然而，近几年部分文献似乎开始重点关注制度缺失对于海归知识溢出效应会产生正向影响。即制度缺失对海归知识溢出效应的正向影响，这意味着制度的相对不足也有可能产生机会而非总是具有抑制效应。如，Elert 等（2017）认为制度缺失在某种程度上促进了海归高科技创业的产生和发展，该研究发现，在最初的制度缺失状态下，海归高科技企业却大量涌现，进而促进了海归知识溢出效应的释放，该研究为这一发现提供了间接的经验支持，显然，在大批高层次海归人才回国创新创业的背景下，该结论具有重要意义。同时在制度环境中的腐败领域，Dreher 等（2012）认为腐败在某种程度上促进了投资，具有“润滑剂”的功能，即“促进效应”。同时，Dreher 等（2013）的研究发现如果回流国的制度本身存在缺陷，比如腐败，就是帮助海归企业家绕过烦琐的行政程序、避开过多管制和不当法律体制的有效手段，从这个角度来说，腐败对海归知识溢出效应有一定的促进作用。同时，Batjargal 等（2013）发现了当下一个无法回避的事实，那就是如果地区腐败程度显著，不仅会抑制海归企业家对生产性活动投入的意愿，而且会提升他们对非生产性活动投入的偏好。该研究认为投入非生产性活动能够提升海归企业的绩效，使海归企业家不得不通过更多的非生产性活动投入来获得生存空间进而释放其知识溢出效应。

魏下海等（2015）利用 2008 年度中国民营企业抽样调查和世界银行营商环境项目调查的匹配数据集，从经验上考察了城市营商制度环境对民营企业家（生产性活动与非生产性活动）的影响。该研究发现，在更糟的营商制度环境下，民营企业家从事非生产性活动的时间将更长，并且在有限的经济活动时间中，用于非生产性的对外公关招待等的时间占比将更高，当民营企业家在外部获取更多资源时，其经营绩效甚至会超过之前企业将时间用于生产性活动的绩效水平。但该研究没有分析制度环境对海归企业家生产性行为与非生产性行为的影响。

在空间分布方面，Choudhury（2016）研究了地理距离与知识溢出效应的关系，发现人才流动创新活动的集聚度高于经济活动的集聚度，经济活动的空间相关性高于技术活动的空间相关性。但该研究主要分析了地理距离和知识溢出效应的关系，没有进一步探讨制度水平对海归知识溢出效应的空间依赖性和异质性的影响。如，受制度因素的影响，A 省制度水平对所有地区海归知识溢出的总效应如何？A 省的制度水平对 A 省海归知识溢出效应的直接效应如何？A 省的制度水平对其他相关地区海归知识溢出效应的间接效应如何？等等。

上述文献意味着制度水平对海归知识溢出效应会产生较大程度的影响，然而目前尚没有深入研究在中国这样的转型经济国家，制度水平影响海归知识溢出效应的机理是什么？制度水平对海归知识溢出效应影响程度到底如何？制度环境各因素对海归知识溢出效应影响程度如何？但上述研究也为本研究奠定了良好的基础。

2.6 关于制度距离对海归知识溢出效应的影响研究

不同国家在制度环境上的差异形成了制度距离，制度距离导致了海外人才回流创新创业的风险，增加了海外人才的回流成本（潘镇 等，2008），进而在一定程度上会抑制其知识溢出效应的释放。

理论上，制度距离导致知识拥有者和吸收方之间存在较多知识差距，会对接收方吸收能力产生影响，使得人才回流存在转移、整合知识的困难（Li et al.，2006）。从知识黏性视角来看，Jensen 等（2004）认为知识黏性体现了知识难以转移的特性，认为制度距离降低了接收方的动机，并增加了知识黏性。可见，制度距离使知识的跨国界转移存在困难。同时 Ahammad 等（2014）认为回流国和东道国在制度环境上的差异形成了制度距离，这种制度距离一方面使得海归企业家必须花费如熟悉本土市场、搜寻当地市场和人际行为信息、进行沟通与洽谈、保证合约履行等相关的额外成本，导致海归企业家的预期收益率降低，从而对海归知识溢出效应释放起阻碍作用；另一方面，为了更有效地在回流国市场开展经营活动，海归企业家还须遵守本土市场的规则和体制。因此，回流国和东道国之间的制度距离增加了海外人才回流创新创业的风险和成本（DiMaggio et al.，2009），进而在一定程度上抑制了海归知识溢出效应的释放。

但是，目前关于制度距离对海归知识溢出效应的影响研究同样颇具争议。前期文献基本上集中于制度距离与海归知识溢出效应具有负相关。多数学者认为无论是正式的还是非正式的制度距离，在很大程度上都被认为对海归知识溢出有负面影响。如 Gaur 等（2007）发现，若回流国与海外人才留学所在东道国的非正式制度距离较远，海外人才便要适应本土的市场环境，理解回流国合作伙伴的诉求，适应本土的营商环境。该研究认为，对于一些转向经济体来说，回流国与留学东道国间制度距离越大，海归知识溢出效应释放就越少。Liou 等（2017）认为当回流国与海外人才留学所在东道国的非正式制度距离不大时，即使海归人才毫无经验地回国创新创业，交易障碍也不会太多，从而在一定程度上其知识溢出效应的释放也相应较大。随着制度距离的增大，交流和合作的成本也会增加，海归企业与本土企业的融合也会变得愈发困难，但是当彼此的非正式制度距离超过一定临界值时，海归企业会因无法获取当地有限资源而使经营变得更加艰难，进而抑制其知识溢出效应的释放（薛求知 等，2008）。并且 Estrin 等（2009）认为具有明晰性特征的管制距离越远，明晰性知识的跨国界转移就越困难，而具有默会性特征的规范和认知距离越远，默会性知识的跨国界转移也就越困难。并且当知识转移的参与者对社会认同存在差异时，其在国际资本跨国流动中的默会性知识转移会更加困难（Gupta et al., 2014）。另外，Imam 等（2014）发现回流国与发达东道国之间的腐败程度距离越大，海归知识溢出效应释放就越少。更进一步地，陈怀超（2014）采用层级回归探究了管制距离、规范距离和认知距离对知识转移效果的影响，发现管制距离、规范距离和认知距离越大，人才流动就越难在东道国与回流国之间进行有效的知识转移。

令人疑惑的是，近期一部分学者发现制度距离与海归知识溢出效应之间的关系存在不确定性。如，Bany-Ariffin 等（2016）的研究则发现回流国与东道国的腐败差距与海归知识溢出效应之间不存在必然联系。Alon 等（2013）以 2000—2005 年在韩国的 247 个海归企业作为样本的研究发现，虽然制度距离对海归知识溢出效应有一定抑制性，但是回流国的关系网络有助于海归企业家获取有关本土制度环境的规范和文化方面的信息，有助于海归企业家熟悉并理解的本土制度环境，也有助于海归企业克服制度距离带来的不利影响。更为重要的是，Ahsan 等（2017）的研究考察了在新兴经济环境下制度距离对人才回流知识溢出效应的影响。该研究发现制度距离对人才回流知识溢出效应的影响并非都是负面的，但该研究主要是从定性方面出发，在中国这样的新兴国家，尚缺少相关研究。

从既有文献来看，回流国和东道国在制度环境上形成的制度距离对海归知识溢出的影响仍然是一个颇具争议的问题。目前尚缺少关于制度距离对中国海归知识溢出效应影响的经验证据。如：制度距离对中国海归知识溢出影响程度如何？制度距离对海归知识溢出效应的影响是否存在“门槛效应”？等等。

另外，在前期文献关于制度距离中的文化距离对于海归知识溢出效应方面，现有文献在此领域仍然存在一些争议。大致的观点如下：一部分学者认为文化距离与海外人才回流释放的知识溢出效应呈显著的负相关关系（Luo et al., 2014；Vaara et al., 2012；Ahammad, 2014；Norton, 2012）。另外一些学者则认为文化距离与海归知识溢出效应不相关甚至具有反向影响（Li, 2013；Gama et al., 2007；Park et al., 2007）。这表明文化距离对海归知识溢出效应的影响未得到较为一致的观点。但目前对文化距离、创新文化距离对海外人才回流创新创业释放的知识溢出效应影响如何，以及中国与发达经济国家文化距离对海归知识溢出效应的影响是否存在倒 U 型关系等问题则鲜有探讨。

2.7 制度对海归知识溢出效应影响渠道

从现有文献来看，回流国的制度水平对海归创业释放的国际知识溢出效应能产生很大影响（Hermes et al.，2003），制度水平是影响海归回流国际知识溢出效应的重要因素之一（陈怡安，2014），并且现有研究认为海归回流的国际知识溢出效应不仅受制于本国的吸收能力（陈怡安 等，2013），更依赖于回流国的法律制度环境的支持，那么制度是如何约束海归回流的知识溢出效应的呢？本研究通过对已有相关研究和各国实践经验的回顾梳理，将制度对海归知识溢出效应的影响渠道归纳为金融市场效应、腐败效应、产权保护效应、政府管制效应以及逆向文化效应。

2.7.1 金融市场效应

信用创造是海归企业家创新的前提（Schumpeter et al.，2004），信用体系的缺失将导致海归企业家创新动力的弱化进而影响技术创新。而金融市场效应则被视为影响海归知识溢出效应吸收能力的重要因素（Dollar et al.，2003），普遍性的制度约束降低了金融市场的效率，在一定程度上增加了海归创业的融资成本，从而弱化了海归回流的知识的溢出效应。同时金融市场发展对鼓励人力资本学习和吸收先进技术具有重要作用（Alfaro et al.，2003）。并且，各国效率相对低下的金融市场尚不能为海归知识溢出效应的释放提供必要的金融环境支持（陈怡安，2016）。

2.7.2 腐败效应

理论上，腐败对海归企业家创新创业的影响存在“润滑效应”和“摩擦效应”两种效应（Fisman et al.，2012）。然而多数学者认为腐败是海归创业的“绊脚石”（Mauro，1995；Tanzi et al.，2000；Knack et al.，1995）。腐败对海归创业的影响如下：第一，如果海归企业家将部分资本用来贿赂官员，海归企业的利润或者潜在利润被腐败所剥夺，那么海归企业家可能会控制生产规模（Mo，2001），同时将剩余的储蓄转向地下投资，并且虽然这种方式可能效率较低，甚至在极端情况下，海归企业将不堪腐败带来的重负，选择退出

（徐静 等，2010）。第二，腐败在一定程度上会影响海归企业家才能的分配。当腐败现象比较普遍并且被制度化时，非生产性活动的机会多于生产性活动，且经济利益更高，有才能和高学历的海归企业家更愿意进行寻租活动而非生产性工作，他们甚至会离开私人部门而成为一名腐败官员（Fisman et al.，2012）。第三，腐败还会抑制海归企业创新活动，延缓将新技术运用于新设备、新生产工艺的进程（Fisman et al.，2002）。由于海归引进回国的新技术、新工艺的运用需要政府批准，所以比起正在使用的旧技术、旧工艺，其更容易受到腐败官员的要挟，海归企业为了规避腐败的影响，索性按部就班而不思创新。

另外也有学者认为腐败在某种程度上促进了投资，具有“润滑剂”的作用（Dreher et al.，2012）。持此观点的学者在一定程度上认为腐败相当于“高速货币”，能够加速运转官僚程序，缩短文件在行政办公室滞留的时间，进而提高公共产品和服务供给的效率（Liu，1985）。

2.7.3 产权保护效应

理论上，在法律制度完善的国家和地区，各法律法规得以严格执行，产权受到充分尊重，交易活动得到法律保护，这无疑会增加海归回国创办企业的动力，降低交易的成本，从而对海归创业起促进作用（Dunning，2008）。但是，回流国与东道国在法律制度环境上的差异，无疑会增加相互交易的成本，在一定程度上对海归创业起抑制作用（潘镇，2006）。同时 Cantwell 等（2010）研究发现回流国对私有财产保护程度与海归回流的知识溢出效应显著地正相关。这在一定程度上说明一国制度约束会弱化该国对产权的保护程度，进而抑制海归回流的知识溢出效应的释放，同时弱化回流国对海归释放的知识溢出效应的吸收能力（Alguacil et al.，2011）。

2.7.4 政府管制效应

海归创业活动促进了新产品、新市场、新技术的开拓，促进了“创造性破坏”的创新型经济增长（Djankov，2009）。但是，若政府部门对市场采取过度管制，可能会抑制潜在海归企业家的创业活动，进而抑制海归知识溢出效应的释放（Klapper et al.，2006）。政府管制影响海归回流技术进步效应的一个重要机制，可能是阻碍了潜在海归企业家的创业活动。因为，政府管制不仅扭曲了市场信号，而且为海归创业活动增加了额外的成本（Bruhn，2011）。同时由于法律的不健全和对政府的弱约束导致了政府权力过大、对市场干预度过强，营商管制复杂性更高（Dreher et al.，2013）。在这样的法律环境下，海归企业家不仅得不到有效的产权保护和公正的社会待遇，反而会时常遭受来自政府及其相关部门的“歧视”和“掠夺”（Kaplanet al.，2011），导致海归企业家经营风险更高，不确定性更大，从而在一定程度上抑制了海归知识溢出效应的释放。

2.7.5 逆向文化效应

当海归人才适应东道国的新文化后，再回到曾经熟悉的母国，必然会经历一系列逆文化冲击（杨彬，2011）。前期文献认为文化距离越高，海归企业存活时间越短，并且国际经验越丰富，即学习效应越大，海归企业的存活时间越长（Barkema et al.，1996）。同时文化距离对海归创新创业的影响非常显著（Acemoglu et al.，2005）。回流国的关系网络有助于海归企业家熟悉并理解本土制度环境，进而有利于海归企业家克服文化距离的不利影响（Rottig，2008），促进海归知识溢出效应的释放。更进一步地，文化距离中的创新文化距离是目前影响人才跨国流动知识溢出的主要因素（Gama et al.，2007）。此外，一些西方发达国家都孕育着“允许失败”“鼓励冒险”和“对失败的宽容”等类似的创新文化，而有些地区则在创新上有些急功近利。目前，发展中国家的创新文化与欧美一些发达国家相比还有较大差距（Park et al.，2007），海归回流后在一定程度上会受回流国创新文化环境的制约，从而抑制了海归回流创新创业释放的知识溢出效应（Luo et al.，2012）。

2.8 研究评述与展望

本研究通过对制度影响海归知识溢出效应领域的成果进行梳理发现，制度环境对海归知识溢出的影响效应研究是一个较新的研究领域，目前此领域虽取得了一定的成果，但其研究的广度和深度都有待提高，同时仍然存在一些未能解决的问题，有待于今后进一步深入研究。

2.8.1 理论研究相对薄弱

在理论方面，现有研究对人力资本跨国流动对回流国技术进步的影响、海归回流的知识溢出效应方面有了较全面的分析，但目前国内外学者尚缺乏进一步深入探究制度水平对海归知识溢出效应产生机理、相关理论模型的构建。因此，当前亟待建立一个既能揭示制度如何影响海归知识溢出效应的微观机理，又能测度并指导实证研究的理论框架。

2.8.2 经验研究空间极大

通过对国内外制度影响海归知识溢出领域的实证研究方面进行梳理，我们发现：

首先，前期学者就制度水平对海归知识溢出效应影响方面的研究显得有些不够深入。例如，对于制度水平如何影响中国海归回流引致的知识溢出效应？目前缺乏系统全面估计制度水平对海归知识溢出效应的影响，并且制度水平对海归回流引致的知识溢出效应的影响是否存在显著的地区差异？制度水平对一定区域内海归知识溢出空间效应的影响如何，同时制度水平如何影响海归知识溢出空间效应的总体效应、直接效应、间接效应？等等。

其次，现有研究就制度水平对海归知识溢出效应的影响方面，提供了初步的经验证据，但仍有一系列尚待研究的问题，如作为正式制度重要影响因素的法律制度，如腐败、政府管制对海归回流国家知识溢出效应的影响如何？同时作为正式制度重要影响因素的经济制度，如金融发展对海归知识溢出的影响效应如何？等等。

最后，虽然多数学者在理论上认为制度距离会对海归回流释放的国家知识溢出产生影响，但在经验方面仍有一些尚待研究的问题。例如，制度差距对海归知识溢出影响效应如何？回流国与东道国的制度距离在一定程度上是否会对海归知识溢出效应的释放产生抑制效应？更进一步地，各省市与东道国之间的制度距离对海归知识溢出效应的影响是否存在门槛效应？创新文化距离对海归回流创新创业释放的知识溢出效应影响又如何？这也是目前此领域研究中不容忽视的空白点，能为政府后续制定适合海归生存发展的制度环境提供相关理论与决策依据，同时为吸引海外人才归国的引智政策方面提供决策支持。

3　研究现状与相关理论基础

3.1　海归回流现状分析

3.1.1　中国海归回流现状

据国家留学基金委统计，从 1978 年到 2009 年年底，中国各类留学回国人员总数达 49.74 万人，海归回流规模呈逐年扩大趋势。在教育、科研领域，大约 77%的高等学校校长、84%的中科院院士、62%的博士生导师有出国留学经历；在商业领域，目前全国已建成各级各类留学人员创业园 150 余家，入园企业超过 8 000 家，20 000 余位留学人员在园内创业。一方面，海归企业往往掌握着先进的技术和理念，具有及时跟踪世界高新技术发展的优势，可以为中国传统制造业的发展注入更多技术和知识，促进中国传统制造业的优化升级；另一方面，海外留学归国人员大多在国外接受过高等教育或者拥有国外相应技术领域的工作经验，往往具有较高的自身素质并掌握关键的专业技术知识、更了解 FDI 企业的经营战略和企业文化，是推动跨国公司本土化的主力军。当前几乎所有的在华跨国公司都有海归精英参与，海归对推动跨国公司在华投资，加速中国和国际经济接轨发挥了举足轻重的作用。此外，以百度为代表，海归企业已成为创业大潮中高新技术与新经济的主流，是中国发展知识服务业和第三产业的重要力量。作为国际化人才，海归在中国技术创新领域异军突起。

3.1.2　中国海归回流变化过程

研究我国海归回流问题，首先需要了解我国的留学简史，并从中分析我国海归回流的总体变化过程。从 1872 年中国的第一批留洋学生算起，到 21 世纪初的 130 多年间，成千上万的中国人漂洋过海，负笈远游。对于这 130 多年的留学历史，国内学者有着不同的划分方法，目前较为公认的是五代划分法。

第一代留学生的留学时间在1872—1900年，主要包括留美幼童和最早的海军留欧学生。这些留学生造就了中国最早的一批领袖。这批留学生推动了洋务运动，引进了国外先进技术，为中国推翻封建主义、推动社会发展做出了巨大贡献。

第二代留学生的留学时间在1900—1927年，包括大批的留日学生、庚款留学生、留法勤工俭学生和早期的留苏学生。这批留学大潮培养了一批革命家，他们直接带领人民推翻封建王朝。历史证明这是改变20世纪中国历史进程和中华民族命运的一代人。

第三代留学生是指1927—1949年赴欧、美的留学生。这一时期，中国留学教育已进入成熟阶段，获得高学位的留学生数占较大比例。这批留学生中除中央和地方政府派遣的官费留学生外，自费生和清华继续选派的庚款留学生也占较大比例。据原高等教育部统计，截至1950年，我国滞留在各国的留学生和学者已有5 000多人。1949—1954年，有1 424人回到祖国，到20世纪50年代末回国人数增至2 500名，他们为开拓和发展新中国的教育、科技、国防事业做出了卓越贡献。

第四代留学生的留学时间在1949—1965年，属于中华人民共和国建设时期的留学生。这批留学生主要留学于苏联和东欧各社会主义国家，基本属于国家派遣留学，学成全部回国，并无条件服从分配。1950—1952年，中国先后与苏联和东欧各国达成了交换留学生的协议并陆续开始执行。据教育部统计，1950—1963年中国总计向苏联及东欧各国派出留学生9 594人。第四代留学生在我国经济技术建设中起到了骨干作用，带领中国人民实现了科、教、文、卫事业的世纪跨越。

第五代留学生的留学时间为1978年改革开放至今，留学人数超过前四次浪潮的总和。和前四次留学浪潮不同的是，这是一次全方位的留学，不仅学科覆盖全方位，而且留学的国家也遍布世界各地。第五代留学生，很多已经或陆续回国，成为我国科技研发、高新产业、新经济和推动社会进步的新一代骨干。第五代留学生中，自费生在历年出国留学人员总数中占据绝对优势，其比例已超过90%。据教育部统计，2010年中国出国留学人员总数达28. 47万人，各类留学回国人员总数达13. 48万人，相比2009年，中国出国留学人数和留学回国人数均稳步增长。其中，出国留学人数增加5. 54万人，留学回国人数增加2. 65万人。

近年来，我国逐步将吸引海外人才回国提升到了国家战略的高度，从中央到地方相继推出了《国家中长期人才发展规划纲要（2010—2020年）》等一系列吸引海外人才回国的战略举措，并已初见成效。但不容忽视的是：其一，中国当前的人才外流形势依然很严峻，人才滞留海外现象严重；其二，在成功吸引海外人才回国之后，由于后续制度环境、激励机制不完善，我国目前广泛存在的“海待”现象、海归子女就学问题、海归创业融资难问题、海归回国的身份问题等，都成为阻碍海归知识溢出效应发挥的重要因素。因此，后文将对制度环境如何影响海归知识溢出效应展开深入研究。

3.2 人才回流研究的理论渊源

20 世纪 60 年代，学者开始较多关注人口返迁或回流问题。而本书的研究对象为海外人才回流，属于从别的国家（输入国）返回输出国的过程，是国际迁移方式之一，而既有研究多从国际迁移视角分析人才回流现象，从最初 R·赫伯尔的推拉理论，到之后的新古典经济学迁移理论、迁移新经济学理论、结构主义理论、跨国主义理论、社会网络理论等，学者们分别尝试从以上视角来分析海外人才回流输出国的原因。而关于人才回流研究最为核心的理论渊源是推拉理论、新古典经济学迁移理论以及迁移新经济学理论。

3.2.1 推拉理论

英国统计学家雷文斯坦是最早开始对现代西方迁移理论进行研究的学者之一。他对英国和其他 20 个国家的国内迁移进行了大量深入研究，总结出人口迁移规律，即“迁移七大定律”，这是西方宏观迁移研究最早的一种理论模式。“迁移七大定律”中有一条规律为：迁移存在着主流和逆流，每一个大迁移流后都会产生一个补偿性的逆迁移流。该规律在一定程度上能够解释海外人才回流国际迁移行为的特征，而对补偿性逆迁移流的概括是与当前中国人才外流和人才回流并存的现状相吻合的。

在“迁移七大定律”的基础上，Herberle（1938）最早提出推拉理论的模式，Bagne（1969）较全面地概括了推拉理论，他将迁移结果视为输出国（推力）与输入国（拉力）相互作用的结果。该理论认为迁移之所以发生是因为输出国的推力排斥力以及输入国的拉力吸引力相互作用而成的。排斥力的种类很多，例如：环境恶劣、房价较高、缺乏就业机会等，吸引力包括目的地较高的工作报酬、良好的生活环境和就业机会等。人口流动就是由这两股力量前拉后推所决定的。

Lee（1966）在 Bagne（1969）的理论基础上，认为实际上输出国和输入国都既有拉力又有推力，同时在此基础上又补充了第三个因素：中间障碍因素，主要包括距离远近、物质障碍、语言文化的差异，以及迁移者本人对于以上这些因素的价值判断。他认为人口流动是这三个因素综合作用的结果。但是随着学者们对推拉理论研究的不断深入，学者们认为不能简单地用“推”和“拉”来解释各种复杂的迁移活动，推拉作用是因人而异的，例如，对于目前海归这种智力型人才的回流，他们对（留学、留学后居住国外）迁移后的预期和对影响迁移因素的评判标准有很大不同；海归对现状的满意程度、对权利的需要、成就动机以及创新的心理需同样会影响推拉理论的效力。

3.2.2 新古典经济学迁移理论

新古典经济学迁移理论主要是从个人层面分析人才流动问题，并提出期望收入的概念，奉行的国际迁移分析方法是个人效用最大化。新古典移民理论学者认为，区域间劳动力和资本分布不均衡时，劳动力流动便随之发生，这一现象直到迁移成本与区域间收入差异相差无几时才有所减少，即两个地区之间工资率和就业率的差异是促使国际跨国流动行为最终发生的动因，由两者之间的差额决定跨国流动的规模。

在解释回流问题时，新古典经济学迁移理论学者用工资差异和迁移预期来解释迁移。当输入国工资水平低于输出国时，或输入国的工资水平未达到迁移者预期工资水平时，回流的可能性较大。并且，该理论认为迁移者不仅要让自己的收入最大化，而且要让居留时间最大化，以实现永久性定居和家庭团聚的目的。因此，只有当迁移者在国外的预期收入、就业和居留时间等方面出现不尽人意的地方，或人力资本未获得预期回报时，迁移者才会回流，即回流被视为不理想的迁移经验。在海归回流这一问题上，由于中国目前仍然是世界上经济社会发展最迅速的国家之一，中国活跃的经济、优惠的政策、开放的心态，为海外留学人员归国发展提供了巨大的空间。考虑到海外留学人员可能在海外未来一定时期遇见职场瓶颈等问题，海归回流后在中国的机会更是为无数海外资本和人才垂青，对于那些在海外学有所成或事业有所起步的中国留学人员来说，回国创业都是千载难逢的机会。并且大量海外人才虽然生活在国外，有一份不错的工作和稳定的收入，但很多时候已经没有社会参与感，游离在主流社会之外，和自己成长起来的那个环境脱节①，而这对一个出生在中国的人来说

① 唐雪元. 海归30年扫描［J］. 晚霞. 2009（12）：37-38.

是非常不易的。因此，海归回流是基于海归个体效用最大化决策的结果①。

3.2.3 迁移新经济学理论

同样是来源于古典经济学，并且迁移新经济学理论和新古典经济学迁移理论分析人才流动行为的基础都为理性选择，但相对于新古典经济学迁移理论，迁移新经济学理论的学者不再局限于从个人层面分析人才流动问题，即人才流动不仅是个人的行为决策过程，不能简单地用不同国家之间的工资差距来解释人才流动，还需考虑当事人所处的家庭环境等因素，只有考虑整个家庭的经济，才可能理解用来自海外的汇款解决消费和投资问题的做法②。根据迁移新经济学理论，迁移者的迁移目标不仅是获得工资水平差，而且要将家庭的生存风险降至最低。跨国流动可以通过将部分家庭成员分配至其他国家的劳动力市场，而其他家庭成员留在家庭所在地或国内其他地方工作的家庭劳动力资源分配方式把家庭生存风险分散化。

在解释海外人才跨国流动的回流行为时，持迁移新经济学理论观点的学者认为迁移是基于家庭的风险分化机制，即透过家庭部分劳动力跨国工作来分散家庭将面临的经济风险，而海外人才回流是经过精心测算的家庭回流决策的一部分，是海外人才成功实现迁移目标的表现。在往家里寄回部分收入的同时，海外人才在国外实现迁移目标（如获得高收入或积累资金）后会返迁，因此该理论认为回流是当事人从家庭层面考虑效用最大化后的结果。这些回流的海外人才大多数是在输入国获得一定的成就（如获得较高的学历、丰厚的收入等），并为国内家庭汇回足够的财富后回流的。由此来看，海外人才是否回流受经济方面的影响较大。

3.3 知识溢出与技术进步的理论渊源

3.3.1 经济学对知识认知的演化

知识作为人类认识自然与社会的成果，自古以来就受到人们的重视，培根的一句名言“知识就是力量”，高度体现人们了对知识作用的认识。经济学对知识的探讨，始于古典经济学，亚当·斯密（1776）提到了新的专家阶层所

---

① 王辉耀. 海归时代［M］. 北京：中央编译出版社，2005.

② 王蓉蓉. 海外人才回流与社会适应研究［D］. 上海：华东师范大学，2012：24-26.

创造的知识对经济的贡献，其分工理论更为后来研究知识与经济发展的关系提供了思路；马克思对简单劳动与复杂劳动的划分，同样蕴含着知识对生产率提高的重大意义；李斯特强调了基础设施和公共机构通过创造和传播知识对提高生产力的重要作用。但由于在古典经济学所处的时代，资本是最稀缺的要素，知识还不是一个独立的要素，只能依附于其他要素发挥作用。此外，19 世纪中期以前，经济学还缺乏研究知识问题所需要的分析工具（钟惠波，2006）。因此，古典经济学关于知识的认识是初步的，尚不深入。

但在古典经济学中，除了马歇尔是不多见地意识到知识的重要性以及经济学必须研究知识问题的经济学家之外，新古典经济学中很少有对知识的论述（钟惠波，2006）。"'知识就是力量'这一命题如大都市中的贫民窟，几乎被完全忽视。"① 马歇尔预见性地看到："知识是我们最有力的生产动力。""它使我们能征服自然，并迫使自然满足我们的欲望。知识和组织的公有和私有的区别，具有很大的和日益增长的重要性；在某些方面，甚至比有形东西的公有和私有的区别更为重要"②。知识被排除在新古典经济学之外，究其原因，在于新古典经济学一般均衡理论建立在完全理性、充分信息或完全知识假定的基础上，即知识是完全的，任何经济主体都可以自由免费地获取知识，只有价格机制是经济活动中唯一有效的协调机制。同时，由于一般均衡理论和边际分析工具与知识收益递增相排斥。因此在确定性的、无摩擦的新古典经济学世界里，没有知识存在的地位也就不足为奇。

由于新古典经济学的假定与现实的差距太大，经济学家须不断对它进行修正。奈特（1921）提出的不确定性概念直接挑战了新古典经济学完备知识及其完全理性的假设；科斯（1937）通过自己独特的思考，也对新古典经济学的假设提出了质疑，在其《企业的性质》一文中，通过放松新古典经济学充分信息的假设，引入了交易成本概念，否定了现实世界无摩擦的假说；哈耶克（1945）观察到社会中可用的知识数量远大于个人所知，个人的知识吸收能力是有限的，随着社会的进步，知识会更分散，知识分工会增加，这个观点是后来有限理性与不完全信息思想的出发点；西蒙（1957）把人类的认识结构引入经济人的行为分析中，提出了有限理性假设，他认为经济行为主体在主观上追求理性，但只能在有限程度上做到这一点；斯蒂格勒（1961）、阿克洛夫（1970）等提出了信息不完全，信息不对称思想，突出了知识在交易中的重要

① 斯蒂格勒. 信息经济学［M］. 上海：上海人民出版社，1996：74.

② 马歇尔. 经济学原理［M］. 商务印书馆，1964：157-158.

性。经过这些修正，知识范畴逐渐进入了主流经济学家的视野。

20世纪80年代后期以后，以罗默和卢卡斯为代表的新增长理论兴起，他们把知识内生于增长模型中，从此，知识是经济增长引擎的观点逐渐被广泛接受。

3.3.2 产生知识溢出的原因

知识是一种有用的信息，有编码知识与缄默知识之分，作为一种特殊的生产要素，知识天然地与不确定性、不完全性和有限理性等认识特征联系在一起（钟惠波，2006），知识具有的特征包括：局部性、累积性、不可逆性、互补性以及非竞争性与部分排他性。在这些特征中，知识具有的非竞争性与部分排他性是最为关键的，也是知识溢出产生的原因。

知识的非竞争性表现在即使某人使用了知识，也不会影响其他人在同一时间使用该知识，即一个人消费知识并不排斥他人同时对该知识的消费；知识一旦生产出来，其他人增加消费的边际成本就等于零。知识就产权制度而言是部分排他的，虽然知识能得到产权制度的保护，但有的知识使用者不一定非要付费才能使用知识，即知识的拥有者难以完全阻止他人不付费就消费其知识。正是因为知识的非竞争性与部分排他性特征，使得知识具有溢出效应，而知识的局部性、累积性、不可逆性和互补性为知识溢出创造了条件。由于知识是唯一的收益递增要素，利用知识以及由此带来的获取经济利益的能力，对生产率的提高和经济的发展至关重要。每个经济主体都能希望得到尽可能多的知识（宁明军，2008）。然而知识的初始投入较大，并且面临着不确定性和风险，而知识一旦生产出来之后，本质上就是全社会的共同财富，具有共享性，但由于竞争的存在，经济主体会尽可能垄断自己生产出来的知识，以维持其市场中的竞争优势。不过，知识是无法完全被垄断的，只要进入市场，生产者就无法决定由谁来得到它，知识总是会外溢出去，根本原因就在于知识还具有非竞争性与部分排他性特征（宁明军，2008）。

知识的部分排他性意味着它们处于纯公共产品与传统的私人产品之间。当知识的所有者能有效垄断其使用时，知识是排他的。这时，知识的垄断者能在边际生产成本之上定价，获得垄断利润。通过合法的知识产权保护，知识的垄断者能使知识具有排他性，可有效地利用知识的非竞争性所带来的规模收益递增，从而防止知识扩散，确保市场价值与垄断租金。然而，对于知识能否获得垄断租金，在增长理论中存在两种不同的看法：一种认为知识是完全排他的，另一种认为知识是部分排他或完全非排他的。

扩展的索洛模型把知识看成普通要素，从而是排他的生产要素，这类模型在两要素（资本和劳动）索洛模型基础上增加一个、两个或多个生产要素。曼昆等（1992）把知识作为显性生产要素加进模型中：人力资本，该生产要素包含体现在人脑中的各种形式的知识，他提出了人力资本的不同代表指标，如劳动力的教育水平或技能水平。诺曼等（1996）把研发资本当作解释变量，作为不一定体现在人脑中但残留在产品中的知识指标加进模型中。初看起来，这些人力资本扩展的索洛模型得到了改进，但实际上，知识不一定只体现在（资本）产品中，它也能留存在人脑中或各种科学产品中。曼昆等在解释各国经济发展水平的差异时，假定物质资本能在各国自由流动，而人力资本不能自由流动，结果资本出现要素价格均等化，而劳动与人力资本没有。但如果人力资本的稀缺能解释贫困国家或地区的低收入，那么稀缺的人力资本（熟练劳动）在发展中国家或地区的价格应该高于发达国家或地区，熟练劳动应从发达国家或地区流向发展中国家或地区。但在现实生活中，学者们观察到的是熟练劳动出现相反的流动趋势，即从发展中国家或地区流向发达国家或地区。这表明，熟练劳动在发达国家或地区的收入更高。因此，造成扩展的索洛模型基础上的理论假定与要素价格在国家或地区存在差异的现实不相符。

如果知识是完全排他的生产要素和正常贸易的产品，没有明显的溢出效应和外部性，那么内生增长理论只不过是一个简单的人力资本积累模型，和20世纪60年代与20世纪70年代的人力资本模型（Becker，1964）就没有什么区别，它们也强调学习和知识积累对经济增长的重要性。所以，承认知识的完全排他性，就意味着扩展的索洛模型还是在重复以前的观点。

与普通私人产品相比，知识的私人产权与排他产权难以设计与实施。非排他性或部分排他性会产生溢出效应或外部性，收益会扩散到其他没有付费的使用者中。公共产品理论认为，这会导致知识的投资低于最优水平，因为生产者的收益低于完全排他产权下的收益。在极端情况下，排他性是完全无法实施的，知识成为纯公共产品，通过实施知识产权保护，使知识（部分）排他，可以减少或阻止溢出，从而使知识积累的投资达到最优。

目前，持新经济增长理论观点的学者认为，知识有一定程度的溢出，最多只是部分排他的。然而，他们不愿意颠覆基本的新古典竞争均衡范式，于是，仍然使用属于新古典范式的索洛增长模型，以一种间接方式证明（部分）非排他性的存在。他们认为知识的增长能弥补资本和劳动的收益递减，如果知识溢出程度高，各国或地区的创新率或知识积累差异就小。

另外，演化经济学采用微观经济方法，强调创新思想对于增强生产者在市场中的竞争优势与垄断地位的重要性。生产者想要避免侵蚀利润的纯价格竞争，就要不断地寻求能带来竞争优势的产品与生产过程中的创新思维。生产者要占有垄断利润，就要在更多的创新上投资，以增强其地位，保护其竞争优势。由于创新的扩散会侵蚀垄断优势，因而知识具有部分排他性。技术扩散以及与之相随的垄断地位侵蚀的程度与速度决定了垄断租金的数量。演化经济学认为，动态市场的特征是垄断竞争而不是价格竞争，纯价格竞争没有技术创新的静态市场特征，是基于创新的垄断竞争导致了规模收益递增。

实际上，知识的基本经济属性不是排他性，而是非竞争性。排他性可通过各种不同的知识产权安排得到解决，至少可以部分解决，而非竞争性是知识的内在特性，以任何方式都无法削弱。知识的非竞争性意味着无数的使用者可无须花费成本地使用同一知识，对使用者而言没有产生任何利益损失。生产新知识在研发上有较高的初始投资成本要求，但之后可在零边际成本上无止境地使用（宁明军，2008）。于是，规模递减的经济学不再适用，竞争均衡也无法达到。所以，知识的非竞争性表明，它会产生溢出，带来收益递增，从而在生产函数中，投入的产出弹性大于1。知识的非竞争性特征与新古典经济学核心的竞争性一般均衡模型是相冲突的，因此，在新古典范式基础上，要把知识作为一种生产函数，是难以建立起令人满意的经济增长理论的。所以，要分析作为生产要素的知识，必须把它的属性与其他生产要素区别开来。正是因为知识内在地具有非竞争性和部分排他性，它才产生了溢出效应。当然，承认了知识的溢出效应，也就承认了知识在经济增长中的地位①。

同样，创新知识也具有非排他性、非竞争性的特性，就海归回流这一问题来看，单纯技术创新并不能保证海归企业、海归个人独占其创新收益。很多海归企业尽管是技术创新的领先者，但并不是创新收益的独占者，由于非海归企业在一定时期内不具备知识创新优势，选择学习模仿更划算，此时海归企业始终引领创新并引发知识溢出效应。

3.3.3 关于知识溢出效应的经济增长理论回顾

Solow 等人早在 20 世纪 50 年代就对技术与经济增长之间存在的关联提出了资本报酬率递减、规模收益不变、技术进步为外生变量的新古典增长模型。在西方的经济增长理论史中，Solow 的新古典增长理论开创了技术进步的新纪元，他认为资本和人力资本等因素之所以能促进经济增长，是因为存在着技术

① 宁军明. 知识溢出与区域经济增长［M］. 北京：经济科学出版社，2008：53-62.

进步。当然，以 Solow 为代表的新古典增长理论最终未能解释“如何产生技术进步”，从而多数学者最终放弃了这种外生增长模型。1962 年，Arrow 在克服新古典经济增长理论局限性的基础上提出“干中学”，他认为技术的进步是由经济系统内部的因素决定，简言之，经济主体在投资的过程中会积累资本，而不断积累的资本会引起技术进步，即投资溢出效应。同时 Arrow 还认为投资除了能引起技术进步和提高生产率外，还能促进产业内的其他经济主体技术进步，引起连带“学习效应”，即“干中学”效应。但是 Arrow“干中学”模型中的经济增长因子，依旧取决于整个社会的人口增长率，经济增长率只有在人口增长率的基础上去衡量才有意义，显然这与 Arrow 提出的经济增长与学习相关的事实不符。因此，该模型并不能超越新古典增长模型中得出的关于经济增长受制于外生人口数量这样的结论，直到 1967 年 Sheshinski 对其方法进行了归纳和扩展，但是都没有偏离 Arrow 广为人知的一般结论：知识的增长使整个社会普遍收益，并且这种收益大大超过企业内部得到的收益，原因在于知识具有溢出效应。在此理论基础上，20 世纪 80 年代，Romer、Grossman 等学者对新古典增长模型做了进一步处理，将模型上的 Solow 余值进行了深层次的内生化处理，从而构建出区别于新古典增长理论的新经济增长理论。在新经济增长理论中经济增长效应被指标化，规模收益递增量与内生技术保有量即为经济增长效应量，同时表示各国经济增长效应的差异量。与新古典增长理论不同，新经济增长理论中的经济增长动力源自技术进步，而技术进步主要由 R&D、人力资本等内生因素决定。

新经济增长理论提出后，各学者为研究其实际性，在 R&D 的基础上构建了内生增长模型。该模型基于技术进步内生化，认为经济能够长期增长的内生源泉来自技术进步，而技术进步是开发部门长期单独研究的结果。20 世纪 90 年代以来，大量有关探索技术变迁对经济增长的内生作用的研究涌现。相比经济增长的新古典增长理论，新经济增长理论的显著变化是将私人经济主体纳入了技术进步的范畴，新经济增长理论认为私人经济主体在利润的驱动下对技术进步有显著效果。1990 年 Romer 提出技术是生产创造的关键性因素，同时技术又具备非竞争性和部分排他性的特性，因此技术在生产过程很容易生成两种形态，即私有和公共（Grossman et al.，1991；Romer，1990）。私有技术知识被私有创造主体利用，从而生产出排他性的新产品，人们为了使私有技术知识公共化，便授予技术创造主体创新专利权，从而使新的技术公共化，以便所有企业能免费使用。当然免费使用新技术的企业在生产过程中又会创造出新的技术知识，并且通过同样的方法使新的技术知识溢出到其他企业，从而形成互助互惠的局面。可以看出，这种观点与新古典增长模型的规模报酬不变、完全竞争的观点是不一致的①。

知识溢出是新（内生）经济增长理论中报酬递增产生的关键因素，新经济增长理论认为知识是拉动经济增长的原动力，但知识又具备非竞争性和部分的非排他性等特点，知识的溢出效应促使其成为一种公共物品（宁明军，2008）。1962 年 Arrow 认为知识是一个积累的过程，知识的经济学意义在于它的非竞争性和部分非排他性特征推动了经济的增长。那么知识的溢出效应是如何产生的呢？Romer 在 1986—1990 年，多次在 Arrow 的基础上证明了由于知识的非竞争性和部分排他性，才产生知识的溢出效应。其间，Lucas 在 1988 年论证人力资本外部性特点时，也无意间验证了上述结论。显然，知识的非竞争性和部分非排他性的特征促使其产生溢出效应，而知识的溢出效应促进了整个社会的经济增长。第一个认为知识溢出效应在经济增长中起作用的学者是 Arrow，早在 1962 年 Arrow 就通过构建知识溢出模型，得出经济能够形成规模性的收益递增现象，主要是技术知识的溢出效应所致。

这些理论模式都强调技术知识和人力资本是“增长的发动机”，但技术知识与人力资本只是经济增长过程中的两种生产投入要素，是经济主体为促进经济增长而进行的一种投资方式，经济主体期望通过增加技术知识和人力资本保有量来促进经济增长。然而在这一过程中，由于技术知识和人力资本存在溢出效应，单一经济主体技术知识和人力资本的投入，能够促进整个经济主体技术知识和人力资本的增加，并且通过不断增加和不断积累，最终形成技术溢出。

综上所述，这些理论主要从理论层面对技术知识和人力资本的溢出效应在经济增长中的作用进行分析，在全球化背景下，以拥有高人力资本、高技术的海归人才，作为知识溢出新渠道的海外人才跨国流动的知识溢出效应的研究提供了理论上的支持。下面，我们对几种理论模式进行简单评述。

3.3.3.1 Lucas 的人力资本溢出理论

Lucas 为研究技术进步、经济增长和人力资本之间的经济关系，首次将人力资本因素与经济增长模型相结合，最终得出技术进步、经济增长和人力资本之间存在着一定的内生关系。尽管 Lucas 的内生技术经济增长模型是依据外部性思路构建，但是在他的模型构建下能够清楚地看到，人力资本的持续性积累会长期促进经济增长。到 20 世纪 80 年代中期，Lucas 又提出了“人力资本积

---

① 吴玉鸣. 中国区域研发、知识溢出与创新的空间计量经济研究［M］. 北京：人民出版社，2007：26-28.

累增长模型”，他将舒尔茨的人力资本与索洛的技术进步精髓结合起来，得出人力资本除了能为经济主体产生经济效益外，还能提高生产主体的生产率。他认为人力资本以稀缺性的姿态存在于生产过程中，其除了参与生产过程，还对生产过程中的技术知识起到关键性作用。总结而言，人力资本主要从内部效应和外部效应两个方面影响了生产过程中的技术知识。内部效应是指人力资本在从事生产的过程中，会不同程度地脱离正常生产活动，利用不同渠道获得新的技术知识，从而促进技术知识的进步。而对于人力资本自身而言，最显著的是劳动力收益的递增。外部效应是指平均人力资本可以大幅度地影响个体人力资本的生产效率，而平均人力资本同时可以如内部效应一样，在生产过程中通过不断积累技术知识，来提升平均人力资本能力，最终影响其他生产要素的效益。

Lucas 为验证人力资本溢出理论，假设在一定比例时间 μ 内，某生产者从事某产品的生产活动，其他时间（$1-\mu$）则从事生产人力资本。为方便建立生产函数，Lucas 用 N 表示该生产活动中的劳动力参与人数，用 h 表示生产活动中的人均人力资本，从而建立以下生产函数：

$$Y = AK^{\beta}(\mu Nh)^{1-\beta}h^{\gamma}$$

式中的 h^{γ}（$\gamma>0$）为生产活动过程中人力资本所表现出来的外部效应递增效应。

同时，我们建立技术进步方程

$$\frac{\bar{h}}{h} = \delta(1 - u)$$

消费者的效用函数为

$$U_t = \int_t^{\infty} \frac{C_t^{d-\theta}}{1 - \theta} e^{-pt}\mathrm{d}t$$

利用最大值原理求得均衡经济增长条件为

$$g = \frac{\bar{h}}{h} = \frac{(1 - \beta)[\delta - (\rho - n)]}{\delta(1 - \beta + \gamma) - \gamma}$$

式中的 n 表示生产活动过程中的劳动力增长率。

由上式可知，人力资本不断积累产生的溢出效应可以拉动经济增长，而经济在增长过程中根本不需要依靠外生力量，只需要人力资本的内、外效应产生作用，经济便能持续性增长，当然外部效应是经济增长的主要因素。由此可见，Lucas 在内生增长模型中认为经济增长取决于人力资本积累的转移参数、外部效应及劳动增长率的观点是正确的。

3.3.3.2 Romer 的知识溢出理论

在 Romer 的知识溢出理论中，经济增长的根本动力来自内生技术进步，这是因为知识溢出效应产生于内生技术经济增长，除此之外，还要考虑规模收益递增和知识外部性对经济增长的影响。为验证以上观点，Romer 提出假设，认为技术知识是经济主体追逐利润最大化而进行的一种投资决策结果，这样一来技术知识便成了决定经济增长的内生因变量。但由于技术知识存在溢出效应，在技术知识生成后，除技术知识创新主体外，其他的经济生产主体同样能够利用该技术知识。若所有经济主体同质，那么所有经济主体所创造或创新的技术知识都能为整个社会生产过程所用，从而提高全社会的生产率。如果用柯布-道格拉斯函数表示 Romer 的知识溢出理论，则社会经济存在着竞争性均衡和社会最优特点。

Romer（1990）将技术知识分解为人力资本和技术知识两个组成部分，他认为技术知识存在着使用的非排他性和产权的排他性的特征。首先，技术知识中的人力资本是不能同时被两个经济主体所使用的，在同一空间上，人力资本只能归属于单独的经济生产活动，因此，技术知识具有排他性的特征；其次，技术知识中的技术可以同时被多个经济生产主体所利用，可以从正外部效应被其他人利用，从而提升整个人力资本的生产效率。因此，Romer 的模型是通过建立一个完全内生的知识溢出模型来强调技术的外部效应。在这个模型中，技术作为一个独立因素，具有双重作用。第一，技术可以在不断积累自身价值的同时，又不断递增与之相关的人力资本价值，从而促进整个社会的经济收益递增；第二，技术自身价值递增后，又可以不断放大它的外部效应，从而使技术扩散性地增长，为其他技术增长提供资金来源。如此反复，便可以形成一个技术溢出—递增收益—技术投资—效应放大的良性循环过程①。此外，Romer 在理论分析结果中，还得出了一个重要启示：在经济增长中，政府政策具有重要的促进作用，制定各种有利于知识积累、鼓励研发的政策，对一个政府尤其是发展中国家政府经济的长期发展是至关重要的（朱劲松，2001）。

3.3.3.3 基于 R&D 的知识溢出模型

在内生增长理论中还存在着一种以 R&D 为基础的内生增长模型，该模型立足于技术进步内生化，认为经济能够长期增长的内生源泉来自技术进步，而技术进步是开发部门长期单独研究的结果（Romer，1987，1990；Aghion et

① 张晴. 我国外商直接投资技术溢出效应研究［M］. 杭州：浙江大学出版社，2010：18-19.

al., 1992; Grossman et al., 1991)。不可否认，技术知识的积累率与研究投入存在着正相关关系，但是由于技术具有溢出效应，研究投入不高便成为现实困境，从而抑制了技术知识专利产出量的增加，影响了经济增长（张继红 等，2007)。学者们还将 R&D 理论和非完全竞争引入了增长理论的框架。在这些模型中，技术进步源于有目的的 R&D 活动，这些 R&D 活动会导致厂商以某种形式的市场垄断力量（如专利、规模效应、在“干中学”及品牌忠诚等），从而使 R&D 活动得到回报。与此同时，由于知识的公共产品的性质及上述非完全竞争的特征，经济体系的技术进步速度可能不是帕累托最优的。

3.4 知识溢出渠道

3.4.1 FDI 与知识溢出

随着经济全球化的发展，FDI 成为知识溢出的重要渠道。FDI 主要是指跨国公司利用子公司的形式，引起东道国的技术进步，尽管在这一过程中跨国公司不能获取技术进步的全部收益，但是跨国公司能够获得外在形式的经济增长，从而形成溢出效应。

早期学者研究发现，外国企业的技术溢出效应能够对本地企业的人力资本边际生产率产生影响，同时也能促进外企所在行业的产量增长（Caves，1974)。如 1979 年学者 Globerman 在对加拿大外企研究中发现：跨国公司能够积极提高加拿大的整体生产力，对加拿大的技术进步产生了正向影响；又如 1999 年学者 Hejazi 在对美国技术输出研究中发现，美国通过投资形式注入 OECD 国家的 FDI，会在一定时间后对输入国产生显著的正向溢出效应。由此可见，FDI 作为当前知识溢出的关键路径，在多数情况下能够正向促进技术输入国的技术进步，但是也存在着负面影响的情况。如在 Haddad 等（1993）对摩洛哥、Kokko 等（1996）对乌拉圭、Aitken 等（1999）对委内瑞拉、Aslanoglu（2000）对土耳其的研究中发现了跨国公司对东道国生产力具有负面影响。

由此可见，FDI 能否引起积极的知识溢出效应，主要还是取决于技术输入国的技术吸收能力，特别是在技术吸收过程的人力资本存量（Xu，2000)。简言之，只有技术输入国的人力资本存量达到知识溢出临界水平时，基于 FDI 的知识溢出效应才会对技术输入国的资本收益产生正向影响，否则就会对其生产力产生负面影响（Gregorio et al., 1998)。

3.4.2 进口与知识溢出

20世纪初期，有学者通过实证研究的方式证实，贸易是国际知识转移的重要渠道（Coe et al.，1997；Jaumotte，1998）。2001年Keller对1970—1991年经济实力最强的8个发达国家的13个制造业部门进行实证研究，发现只要存在进口贸易关系，它们的技术知识的溢出效果就非常明显。当然各知识溢出效果又各有不同，最显著地体现在产业间贸易和产业内贸易上，如果进口产品与本国（特别是出口部门）生产的产品同类，则更有利于本国厂商吸收外国技术。显然产业内贸易比产业间贸易更有利于知识溢出，特别是在进行产业内贸易时，当某国已经成为某一产品的生产大国，该国就会更容易吸收贸易过程中的技术知识，从而加速了技术知识的溢出（Dalia et al.，1999）。

在进口与知识溢出方面，R. Dornbusch在1977年利用实证研究的方法得出，国际的知识溢出其实就是一个学习的过程，知识吸收国通过进口先进技术产品，学习先进的技术知识，然后利用学得的技术知识来降低本国的生产成本，达到经济增长的目的。2002年Eaton等将贸易模型与知识溢出结构结合在一起，发现只要向国外进口先进技术，本国的生产力效率就会有所提升，当然提升的效果既与技术分量相关，又与先进技术是否与本国生产条件相关。1995年Ceo等在考察部分OECD国家时发现，只要促进本国的进口份额，便能促进本国企业的技术提升，提升的效果在于进口国的技术水平，进口国的技术水平越高，对本国生产力的影响效果就越明显，否则，提升效果就会相应降低。1997年Coe等发现贸易对知识溢出的效果在国家工业化程度上也存在着类似的效应，即当某国的工业化程度越高，贸易过程中就更容易吸收溢出的技术知识，当然这种进口的知识溢出一般情况下都为正，都能促进国家工业化程度的发展。

综上所述，知识溢出主要借助国际贸易，国家通过进口先进技术产品，引起本国的学习效应，从而达到扩散知识的目的，而在这一过程中，产业内的贸易是知识溢出的主要路径。

上述都是直接贸易对知识溢出的影响，然而除了直接贸易能够影响知识溢出外，中间产品的贸易过程同样能促进国际的知识溢出。知识吸收国由于生产所需，向进口国进口生产的中间产品，而这些中间产品存在着大量的专业技术知识和研究成果，知识吸收国在使用这些中间产品的过程中，需要大量研究中间产品的特征和使用方法，从而产生学习效应。另外，直接进口中间产品的成本要远低于研究成本，导致各国在进口产品的过程中产生了知识溢出效应。诚然，国际贸易是知识溢出的主要渠道，同时知识溢出的效应又是双向的。一方面，进口国通过进口技术产品，促进了本国的技术进步，对国家的技术创新具有积极意义，对于技术输出国的经济增长也具有明显效果；另一方面，由于各国之间存在多种因素差异，如生态条件、使用条件的不同，进口的产品并不一定完全能适应本国的使用条件，因此，进口国在进口产品后会不断地创新和调整，以使进口产品能完全适应本国，从而刺激了引进国国际知识溢出后的二次创新，最终带动整个行业的技术创新能力。

3.4.3 国外专利申请、专利引用与知识溢出

除上述二种渠道，知识溢出还源于国外专利申请及引用，国际的技术知识通过专利申请及专利引用等方式流入吸收国，从而形成知识溢出效应（李平，2006）。总结而言，有关专利引起的国际知识溢出现象主要体现在两个方面。第一是国外的专利申请。一般而言，当一个国家同意接受外国的某项技术在本国进行专利申请，则表明该国有意愿引用该项技术知识，与进口产品不同，接受专利申请是单纯引进某项技术知识，并不存在现实的产品。接受申请国家的外国专利申请注册后，可以查询该专利的申请文件，并且允许对该专利进行相应研究，以便检验某项技术是否已被注册，从而避免出现侵权行为。当然，企业在研究某项专利的申请文件时，可以收集该专利中的重要技术信息，只要在不侵权的前提下，任何企业都可以免费使用专利申请中的任何技术知识，从而形成知识溢出。第二是对专利的引用。专利引用比国外专利申请更能体现出知识溢出的效应，某项专利被引用的频率越高，则证明该项专利技术价值越高，同时该专利的知识溢出效应越充分，从某种意义而言，专利引用的频率即为专利的知识溢出效应程度。相比国际贸易引起的知识溢出效应，专利申请与专利引用更能促进知识的溢出效应（Mccallun，1995；Rose et al.，2001）。

由上可知，专利申请与专利引用对知识的溢出效应起到了重要作用，那么专利申请与专利引用对国家生产力的影响又如何呢？Eaton 等（1996）通过考察 OECD 国家，最终得出专利申请数据与 OECD 国家生产力的关系，即专利申请和引用能够促进 OECD 国家生产力的大幅增长。当然，不同国家生产力增长幅度并不一样，如在美国，国外专利申请和专利引用导致其生产力的增幅在50%以下，而在一些欠发达的国家，国外专利申请和专利引用能够达到 90%以上的生产力增长。由此可见，专利申请和专利引用对生产力的影响主要受吸收国整体技术水平的限制，国家技术水平越低，专利申请和运用对生产力的影响效果越明显，如果国家技术已经较为发达，国外专利申请和专利引用对其并不

能产生显著效果。同时专利并不像进口产品那样，受距离、国界等因素影响不能完全被扩散，专利可以突破这种因素的影响，广泛地在国际社会中扩散（Peri，2005）。

相比而言，发展中国家或地区更愿意进行国外专利申请和引用，因为对于发展中国家和地区而言，专利的存有量在一定程度上表示该国国外技术保有量，专利存有量越高，则国外技术含量越高。因此，发展中国家或地区的专利保有量一般高于发达国家，如韩国在2001年度的国外专利保有量高于同时期的美国（Hu et al.，2001）。尽管如此，发展中国家和地区获取国外专利路径依然相对单调，仅通过国外的主动申请和政府的主动招商，才能保证国外专利申请持续增长。由此，虽然发展中国家或地区的专利保有量持续增长，但是这些国家或地区并不能完全获取国外专利的收益，特别是一些人力资本水平相对较低、信息源无法及时传达的发展中国家或地区，它们只能获取极少数的专利中的知识溢出（Peri，2003）。

3.4.4 人力资本跨国流动

除了上述关于知识溢出的三大路径之外，技术人员的跨国界流动作为最新的知识溢出渠道，目前关于人力资本跨国流动的知识溢出研究与FDI、国际贸易、转移申请、引用相比，还比较少，且深度不够。本书将在知识溢出传统研究路径的基础上，加入海归这一代表人力资本跨国流动的渠道，并重点研究这一渠道对地区知识溢出、技术进步的影响效应，从而有利于弥补人才流动知识溢出理论研究的不足。在以下章节中，本研究将重点解决目前此领域的两大难点：一是解释海归知识溢出的发生机制，二是测度海归知识溢出效应及其对回流国技术进步的影响。

4 制度环境对海归知识溢出效应的影响

4.1 问题的提出

对既有文献而言，一部分学者认为制度缺失通常是制约海归知识溢出效应的因素（Dreher et al., 2013; Glaeser et al., 2015; Zhu et al., 2017）。近几年另外一部分学者似乎开始重点关注制度缺失对海归知识溢出效应的正向影响（Barreto, 2001; Dreher et al., 2012; Elert et al., 2017），如，Elert 等（2017）发现制度缺失促进了海归高科技创业的产生和发展，特别是在最初的制度缺失的状态下，海归高科技企业会大量涌现，进而促进了海归知识溢出效应的释放。

上述文献表明制度环境对海归知识溢出关系的影响尚未得到较为一致的观点，意味着制度环境对海归知识溢出效应的影响存在一定差异，但是，这些研究始终没有将焦点集中于一个处在经济转型期的中国，这使得以往利用其他国家经验数据所得出来结论并不能完满地解释中国海归企业家的创新创业。例如，上述文献并没有深入研究在中国这样的转型国家，制度水平对海归知识溢出效应的影响如何？两者是正向关系还是负向关系？是否存在非线性的特征？而这些问题已成为推动中国创新型经济增长驱动下亟待回答的重要问题。基于以上理论与现实背景，笔者利用中国 31 个省 1995—2016 年的省际面板数据，实证检验了我国制度环境对海归知识溢出效应的影响。

与既有相关文献相比，本研究的贡献在于：第一，通过考察海归企业所处地区的制度环境对海归知识溢出效应的影响，为我们理解如何更大程度释放海归回流的知识溢出效应提供了一个新的重要视角，同时本研究可能是首篇评估制度环境对海归知识溢出效应影响的文献。在理论层面，本研究有助于拓展和丰富“制度环境如何影响创新创业”以及“人力资本跨国流动”这两方面的文献。在实践层面，本研究对如何优化制度环境以更大程度地吸收海归回流的知识溢出效应从而推动中国经济增长转型升级具有一定的指导意义。在政策层面，本研究及时回应了中国努力推行的“简政放权”改革，通过促进潜在海归的创新创业活动，来研究政府部门的“简政放权”是否有助于促进“创造性破坏”的创新型经济增长。

第二，本研究进一步证实了制度水平各因素（如政府管制、腐败、金融市场效率等）对中国海归知识溢出效应的影响，本研究为制度环境如何影响海归知识溢出效应提供了一条具体而完整的作用渠道。

第三，本研究利用 Hansen（1999）门槛面板模型验证了制度水平各因素与海归知识溢出效应的“双刃”性，即金融市场效率、腐败程度、知识产权保护力度、政府管制、开放度等是否存在海归知识溢出效应的门槛特征，通过强调制度在海归知识溢出中的重要作用来扩展以往的研究。

4.2 影响机制

为保证影响机制各方面在理论逻辑上具有完备性，根据前期理论文献，North（1995）将制度环境分为正式制度环境和非正式制度环境，并且认为正式制度环境主要包括法律制度环境和经济制度环境。Acemoglu 等（2008）认为在制度影响一国经济增长与发展模式方面，正式制度起决定性作用，如腐败、政府管制、产权保护、金融体制、开放度等。North（1991）按照制度在经济生活中所起的不同作用，将正式制度划分成产权制度和契约执行制度。

在关于产权保护制度与创新创业文献中，多数学者研究了产权保护对企业创新创业的影响（Sakakibara et al.，2001；Allred et al.，2007；宗庆庆 等，2015；Lin et al.，2010；刘和旺 等，2015；Besley et al.，2009）。如，Lin 等（2010）依据 2003 年世界银行在中国 18 个城市的调查数据以及刘和旺等（2014）的研究发现，良好的产权保护制度对企业研发活动具有显著的正向影响，对企业研发决策、产品创新、工艺创新具有激励效应，并且可能通过影响企业的预期收益来影响企业的技术创新。

在关于契约执行制度与创新创业文献中，多数学者从契约执行制度的视角分析了腐败、金融发展水平、政府管制对企业创新的影响（Cull et al.，2005；Acemoglu et al.，2005；罗党论 等，2009；解维敏 等，2011；侯晓辉 等，2012；马光荣 等，2014；张杰 等，2012）。例如，在金融市场效率方面，Cull 等

(2005) 认为制度质量（连同资本市场）通过融资的便捷程度和融资成本影响海归创新研发投入的数量和收益。良好的制度和完备的金融市场为各类海归企业尤其是中小型海归企业（研发）融资提供了便利，进而加大了其知识溢出效应的释放。在腐败以及政府管制领域，前期文献认为法律的不健全和对政府的弱约束导致了政府权力过大、对市场干预度过强，营商管制复杂性更高。在这样的法律环境下，海归企业家经营风险更高，不确定性更大，海归企业家不仅得不到有效的产权保护和公正的社会待遇，反而会时常遭受来自政府及其相关部门的“歧视”和“掠夺”，从而在一定程度上抑制了海归回流释放的知识溢出效应（陈刚，2015；Branstetter，2014；张峰 等，2016）。

同时，大量的文献（McMillan et al.，2002；Djankov et al.，2005）表明较低的制度质量，特别是商业法规的质量、法律实施的强度、行政障碍、非法支付和市场性支持制度的缺位都有可能成为企业创新释放知识溢出的重要障碍。因此，在本书中，我们将正式制度中的政府管制、产权保护水平、腐败、金融发展水平以及开放度看作影响海归知识溢出效应的五个渠道。其中，政府管制效应、腐败效应和产权保护效应已在前文叙述，此处重点讲解其他两个影响渠道。

4.2.1 金融市场效应

理论上，企业所在地区的金融市场效率在一定程度上会影响海归企业研发活动面临的融资约束程度，从而影响企业是否进行研发投入以及研发投入的力度，进而影响海归知识溢出效应的释放（Canepa et al.，2008）。最近的实证研究也表明，即使在荷兰和英国等发达国家，外部融资约束仍然是阻碍海归企业提高研发投入的重要因素之一（Mohnen et al.，2008）。具体来看，海归企业所在地区的金融市场效率会通过以下两个方面影响海归企业的研发活动：第一，企业所在地区的金融市场效率越高，海归企业的研发活动得到的资金供给就越充足。在金融发展水平较高的地区，金融工具往往更加多样化，更具创新性，因此金融中介往往能够吸纳更多的家庭储蓄，这无疑提高了海归企业从银行等金融中介获取研发资金的可能性，并降低了潜在的融资成本（蔡地 等，2012）。第二，由于创新模仿等原因，海归企业家不愿意向投资者透露太多的研发活动信息，这进一步加剧了海归企业家和投资者之间的信息不对称程度，从而增加了研发活动获取外部融资的难度。而在金融市场效率较高的地区，金融中介的专业技术水平更高，风险控制能力也更强，从而可能有助于缓解上述信息不对称的现象，弱化海归企业研发活动面临的外部融资约束（蔡地等，2012）。

4.2.2 开放度

Edwards（1992）指出，经济开放的地区具有更强的吸收先进技术与新思想的能力。因此，我们预期，政府的政策开放程度将对海归知识溢出效应产生影响。这是由于宽容失败、开放包容的创新文化氛围有利于最大限度地调动创新型科技人才的创新积极性，发挥海归人才的创新潜能。同时能创造融会各种创新思想和容忍失败与挫折的开放文化氛围，能激发人们的创业精神，激励人们自主创业（陈怡安，2016）。

4.3 理论模型

本研究在借鉴 Tebaldi 等（2013）基于内生增长理论产品多样化模型的基础上，建立了一个制度与海归回流创新创业的理论模型。如，良好的制度环境不但有利于吸引海归回流、有利于海归的知识产权保护，而且能通过降低海归创业的融资成本，促进思想的传播和研究人员之间合作，为国内企业向海归企业学习新知识和技术提供良好的制度支持，减少海归创新创业过程的不确定性，从而促进海归企业技术的开发和应用，进而促进本土企业获得正向的海归知识溢出效应（Hermes et al.，2003）。但随着技术的进步以及时间的推移，技术和制度的兼容性会变差，当制度环境对新技术的开发和应用形成约束时，技术创新趋于停滞。因此，制度需要持续不断地演进。

本研究为了使模型简洁明了而又不失一般性，笔者在介绍的过程中对该模型做了简化和修改。

假设一国经济体的生产函数为

$$Y = \frac{1}{1-\sigma}L^{\sigma}\int_{0}^{\min(\varphi I,\ A)} x(j)^{1-\sigma}\,\mathrm{d}j \tag{4.1}$$

Y 为海归企业的总产出，L 为劳动投入，$x(j)$ 为海归企业生产的研发中间品 j，A 为海归企业研发的中间商品类数。I 为海归企业面临的制度环境约束，$\varphi \in (0,\ 1)$ 为一个调整参数，用来表示制度约束对海归新技术研发的重要性。φ 越小，说明制度对新技术的约束越大。如果 $\varphi I < A$，制度会对技术创新形成约束，即使采用了新技术，经济体也不能获得由海归新技术带来的收益，所以此时研发中间品的价格为零，海归企业将不会选择进行技术创新。如果 $\varphi I > A$，制度不会对海归技术创新形成约束，但此时制度依然会对海归企业新技术的研发和应用产生影响。下文的分析即假设 $\varphi I > A$ 。

假设消费者的效用函数为

$$U = \int_0^{\infty} e^{-\rho t} \frac{C(t)^{1-\theta} - 1}{1-\theta} \mathrm{d}t \tag{4.2}$$

s. t. $C + I \leqslant Y$

其中，ρ 为时间偏好率，θ 为不变跨期消费替代弹性的倒数。预算约束为海归企业消费（C）和投资（I）的和等于总产出（Y）。

4.3.1 生产者均衡

为分析方便，笔者将海归企业生产的最终产品价格标准化为 1。定义中间品价格为$\chi(j)$ 。则海归企业生产者的利润最大化问题为

$$\max\pi = Y - \chi(j)x(j) - wL \tag{4.3}$$

解此最大化问题，可以得到海归企业中间品的需求和工资：

$$x(j) = \chi(j)^{-\frac{1}{\sigma}} L \tag{4.4a}$$

$$w = \frac{\sigma}{1-\sigma} L^{\sigma-1} \int_0^A \chi(j)^{1-\sigma} \mathrm{d}j \tag{4.4b}$$

本研究借鉴 Acemoglu（2002）的思路，即中间品厂商生产一单位中间品的边际成本为 $\varphi = 1 - \sigma$ 。那么，海归研发中间品厂商的利润最大化问题为：$[\chi(j) - \varphi]x(j)$ 。将式（4.4a）带入该式，解此最大化问题可得海归企业生产的研发中间品价格为：$\chi(j) = \varphi/1 - \sigma = 1$。那么，海归企业研发中间品厂商的利润为 σL 。可见，海归企业中间品厂商的利润取决于市场规模 L ，假设市场贴现率为 r ，由于制度的约束，海归企业新产品从研发到应用需要时间为 τ ，并假设 $\partial\tau/\partial I < 0$，海归企业开发应用新产品的市场价值为：$V = \int_{\tau}^{\infty} \sigma L e^{-rt} \mathrm{d}t = \sigma L/r\kappa$（令 $\kappa = e^{r\tau}$ ），可见，制度对海归企业新产品应用的约束越大，市场价值越小。

4.3.2 海归对中国的技术进步与经济增长

假设新产品的研发取决于海归企业研发人员投入、已有的技术存量和制度水平。那么，技术创新的表达式为：

$$\dot{A} = \xi SAI(A) \tag{4.5}$$

S 为研发新产品所雇佣的海归数目，劳动力市场出清条件为 $S + L = \bar{L}$ ，假设总的劳动供给 $\bar{L}$ 无弹性。若 ξ 为海归企业的研发概率，A 为研发中间品存量，

用来表示海归企业技术创新过程存在知识溢出效应。制度水平 I 越高，越有利于海归知识溢出效应的释放。假设 $\partial I/\partial A < 0$，即随着技术的进步，现有制度水平可能会越来越不适应现有技术环境，使得海归回流释放的知识溢出效应逐渐降低。

海归企业的研发利润流为：$\dot{V}A - wS$。假设研发市场为完全竞争，那么利润流为0。从而研发市场出清条件为：$\partial L/(r\kappa) \times \xi SAI - wS = 0$。由式（4.4a）和（4.4b）式可得均衡时的海归研发人员投入为：

$$S^* = \bar{L} - r\kappa/(1-\sigma)\xi I \tag{4.6}$$

根据（4.6）式，有 $\partial S^*/\partial I < 0$ 和 $\partial S^*/\partial \kappa < 0$。由于我们假设 $\partial \kappa/\partial I < 0$，分配到研发部门的海归人才数目将减少，进而释放的海归知识溢出效应将相应减少。

根据（4.2）式，我们可以得到欧拉方程：

$$\dot{C}/C = (r-\rho)/\theta \tag{4.7}$$

在均衡增长路径下，由于劳动供给无弹性，根据（4.7）和（4.4a）式可知，海归回流释放的知识溢出对中国技术进步效应与经济增长率趋同。

由欧拉方程（4.7）以及（4.5）和（4.6）式，我们可以得到技术进步率为：

$$g = \frac{\xi I\bar{L} - \rho\kappa(1-\sigma)}{\theta\kappa/(1-\sigma)+1}$$

从该式可知，$\partial g/\partial I > 0$，$\partial g/\partial \kappa < 0$。由于 $\partial \kappa/\partial I < 0$，所以当制度水平上升时，海归释放的知识溢出效应与经济增长率将上升。但是，由于 $\partial I/\partial A < 0$，所以随着技术的进步，制度水平会在一定程度上相对下降，从而抑制海归回流的知识溢出效应，直到技术进步率变为零。所以，要想保持技术进步和经济持续增长，制度一定要向好的方向不断演进，从而避免现有制度与现有技术环境不适应，导致海归企业技术进步停滞不前。Tebaldi 等（2013）假设人力资本积累是制度演进的重要推动因素，不过制度演进是一个复杂的过程，鉴于本研究的分析目的，这里不再详细讨论。

4.4 识别策略与数据处理

4.4.1 模型设定

本研究借鉴 Coe 等（1995）的知识溢出计量模型进行，对于一个开放经济体来说，全要素生产率会随着本国知识资本的增加和国外知识溢出的增加而提高。因此，区域全要素生产率应是这些因素的一个函数，即基本模型为

$$TFP_{it} = f(\ln S_{it}^{d},\ S_{it}^{f}) \tag{4.8}$$

其中 TFP_{it} 是地区 i 第 t 年的全要素生产率；S_{it}^{d} 与 S_{it}^{f} 分别为地区 i 第 t 年的国内研发存量与国外研发存量，国外研发存量主要通过国际技术扩散三大路径：进出口贸易、FDI 以及国外的专利申请进行知识溢出（Grossman et al., 1995）。在此模型的基础上，本研究引入海归的知识溢出项，假定 S_{it}^{f} 包括海归在内的各个渠道的研发存量，且本研究重点关注海归这一渠道的知识溢出效应与制度环境的关系，故将其他三大渠道的知识溢出效应以及国内研发溢出存量纳入控制变量 X_{it} 中，得到

$$TFP_{it} = f(S_{it}^{flow},\ X_{it}) \tag{4.9}$$

更进一步地，通过前文分析发现在理论上制度水平对海归知识溢出效应具有重要影响，同时为考察制度是否对我国海归回流的知识溢出效应产生影响，本研究用制度水平指标与海归知识溢出效应变量的交叉项 $\ln S_{it}^{flow} \times x_{it}$ 表示，则（4.9）式扩展为

$$TFP_{it} = f(S_{it}^{\mathrm{flow}},\ x_{it},\ S_{it}^{\mathrm{flow}} \times x_{it},\ X_{it}) \tag{4.10}$$

我们将（4.10）转化为对数线性函数形式得到

$$\ln TFP_{it} = \beta_1 \ln S_{it}^{\mathrm{flow}} + \ln x_{it} + \beta_2 \ln S_{it}^{\mathrm{flow}} \times x_{it} + \beta_3 \ln X_{it} + \varepsilon_{it} \tag{4.11}$$

其中，解释变量 x_{it} 为衡量 i 省第 t 年的制度水平指标，ε_{it} 为随机误差项。由于本研究主要考察我国制度水平对海归知识溢出效应的影响，因此，我们可以将其他影响海归知识溢出效应的因素纳入控制变量 X_{it} 中。例如，各地区人力资本的吸收能力也在一定程度上影响海归回流的知识溢出效应，知识与先进技术的扩散依赖于地区的“吸收能力”（Savvides et al., 2005），同时研发投入是科技创新的前提和基础，研发资本存量在很大程度上可以代表一个国家和地区技术进步的能力（李平 等，2011），因此，将吸收能力 $absorb_{it}$ 以及中国国内各地区研发资本存量 S_{it}^{D} 纳入控制变量 X_{it} 中，并且王永齐（2006）的研究表

明国内投资 $invest_{it}$，政府支出 gov_{it} 以及产学研结合 iur_{it} 也会在一定程度上影响知识溢出与经济增长，因此须将上述三个变量也纳入控制变量 X_{it} 中。

4.4.2 变量定义和数据处理

4.4.2.1 TFP 增长率（TFP_{it}）

本研究在借鉴李梅等（2012，2014）研究的基础上，将各省全要素生产率指数采用基于 DEA 的 Malmquist 生产率指数模型，利用 DEAP2.1 软件进行测算。各省区的产出（Y）以折算为 2003 年不变价格的实际 GDP 表示。1995—2016 年当年价 GDP 和 GDP 指数来源于历年中国统计年鉴。投入变量资本存量（K）采用永续盘存法估计，基本公式为：$K_{it} = I_{it} + (1 - \delta)K_{i,\ t-1}$。其中，$K_{it}$ 为 i 省第 t 年的固定资本存量，I_{it} 为 i 省第 t 年固定资本形成总额，各省数据来自历年中国统计年鉴，并用各省固定资产投资价格指数折算为 2003 年不变价格。δ 为资本折旧率，取 9.6%（张军 等，2004）。基年（2003 年）及后续各年的各省固定资本存量按张军等（2004）的方法计算。

4.4.2.2 各制度变量选择

第一个变量是制度水平（$institution_{it}$）。

各地区制度水平这一变量如何来衡量显得尤为关键。前期文献对制度水平的测量主要是构建单一经济政治制度指标。如，Kormendi 等（1985）采用反映政治自由度的 Gastil 指数来研究制度与经济增长的关系，Mauro（1995）则把腐败指数作为制度水平的代理变量。Knaek 等（1995）采用国际风险和商业环境风险指标作为制度水平的代理变量研究制度对经济绩效的影响。此外，其他文献研究将通货膨胀率、宪法和立法约束、虚拟变量等单一指标作为制度水平衡量的指标（Rodrik et al.，2004，2005；Glaeser et al.，2004；Aeemoglu et al.，2005）。但是，近年来在涉及制度因素的各类研究中，对制度水平的数量测度，使用频率最高的为 Kaufmann 等（2008）构建的政治治理指标体系。例如，魏浩等（2010）采用美国遗产基金会（The Heritage Foundation）公布的经济自由指数 IEF（Index of Economic Freedom）来衡量制度水平，选取其中的商业自由指数、投资自由指数、政府规模指数、金融自由、产权保护、清廉程度 6 个变量来衡量制度水平。并且，政治治理指标体系中每个指标的构建过程都具有全面性和综合性，同时本研究关于正式制度重要影响因素的法律制度（如腐败、政府管制）以及作为正式制度重要影响的经济制度因素（如金融市场效率等指标）都与 Kaufmann（2008）所定义的指标含义相吻合，因此，本研究利用 Kaufmann 等（2008）的政治治理指标体系测算各地区的制度水平。

上述数据来源于美国遗产基金会与华尔街日报联合发布的经济自由化指数。

本研究在借鉴罗党论等（2009）、李梅等（2014）的研究的基础上，结合本研究对制度影响海归知识溢出效应的理论机制分析，将制度环境各因素设定为：金融市场效率、腐败程度、政府管制、知识产权保护以及政策开放度。

第二个变量是金融市场效率（$finance_{it}$）。

中国银行业的发展加速了金融发展进程，因此很多文献用“银行贷款占GDP比重”来衡量中国金融发展（卢峰 等，2004；梁 等，2005）。然而，由于现实情况是很大一部分银行贷款流入了国有企业，因此用上述指标来衡量中国金融发展水平很可能与金融发展的理论内涵背道而驰。一些经验文献对“银行贷款占GDP比重”这个指标进行了校正，采用“非国有企业贷款占GDP比重”来衡量金融发展水平（张军 等，2005；赵勇 等，2010）。因此，本研究借鉴赵勇等（2010）的方法，重新估算了“非国有企业贷款占GDP比重”的指标值，并以此衡量中国各省金融市场效率。

第三个变量是腐败程度（$corruption_{it}$）。

由于一些省份的人民检察院年度工作报告在个别年份中只公布了贪污受贿渎职案立案数或涉案人数中的一个，因此，本研究借鉴陈刚等（2008）的思路，假定该省案均涉案人数在样本区内是固定的，并以此推算出这些缺省数据。同时借鉴Fisman等（2002）的思路，以人民检察院每年立案侦查贪污贿赂、渎职案件数与公职人员数之比（CASES，件/千人）的指标来度量中国的腐败程度，其原始数据来源于历年中国检察年鉴中各地区人民检察院的年度工作报告。

第四个变量是政府管制（$regulation_{it}$）。

本研究借鉴陈刚（2015）的思路，使用世界银行通过企业调查获得的各年份企业与政府打交道的天数来衡量各省市的政府管制程度。因为，在政府管制更为严格的城市，当地企业往往需要花费更多的时间来协调和处理与政府部门的关系，以获取所需的营业资质和由政府控制的资源。在具体估计时，本研究按照公式$(X_i-X_{min})/(X_{max}-X_{min})$对这个指标进行了标准化处理，并最终得到了一个取值为0~1，且是正向衡量各省市政府管制程度的管制指数。

第五个变量是知识产权保护ip_{it}。

在借鉴李梅等（2014）、吴超鹏等（2016）研究的基础上，本研究采用知识产权局对专利侵权案件的受理情况来反映一省市的知识产权保护力度。专利未被侵权率=“1-专利被侵权率”，即“1减去一省知识产权局当年受理的专利侵权纠纷案件数除以该省截至当年累计授权专利数”。专利未被侵权率越大表示知识产权保护力度越大。专利侵权纠纷案件数据与各省累计授权专利数均来自 1995—2016 年的中国知识产权年鉴。

第六个变量是政策开放度（$open_{it}$）。

由于开放度难以度量，在借鉴学者李梅（2014）、陈怡按（2016）、吉丹俊（2016）等研究的基础上，本研究采用各地区的对外开放度来反映一个地区的政策开放程度，即用各地区历年进出口总额占 GDP 比重来衡量，其中各地区进出口数据从历年中国统计年鉴中获得。

4.4.2.3 吸收能力（$absorb_{it}$）

本研究用 HK_{it} 表示地区 i 第 t 年的人力资本存量，采用中国国内各学历层次的人力资本存量来构建中国总体的人力资本存量指标，计算公式为：$HK_{it} = \sum_{i=1}^{5} w_i H_{it}$，其中 H_{it} 为地区 i 第 t 年各种教育层次的人口数，w_i 为受教育年限，我们采用马为超（2009）的方法，设 $w_1 = 6$，$w_2 = 3$，$w_3 = 3$，$w_4 = 4$，$w_5 = 3$，$i = 1, 2, 3, 4, 5$，分别代表小学、初中和中专、高中、大学本科、研究生及以上教育类型，吸收能力可表示为：$absorb_{it} = HK_{it} \times S_{it}^{flow}$。

4.4.2.4 中国国内各地区研发资本存量（S_{it}^{D}）

S_{it}^{D} 的测算可根据各地区历年研发存量及过去的研发投入流量通过永续存盘法测算得到：$S_{it}^{D} = RD_{it} + (1-\delta) S_{i,\ t-1}^{d}$。其中，$S_{it}^{D}$ 表示地区 i 第 t 年的 R&D 资本存量，RD_{it} 为地区 i 第 t 年的研发投入，δ 为折旧率。

4.4.2.5 海归回流研发溢出变量（S_{it}^{flow}）

借鉴 Lichtenberg 等（1996）测度进口贸易溢出量的方法，对 1995 年至 2016 年间中国海外留学生较集中的澳大利亚、德国、英国、日本、法国、加拿大、美国、意大利进行计算，最终得出海归回流在中国的研发溢出存量为：

$$S_{jt}^{flow} = \sum_{j=1}^{8} \frac{S_{jt}^{d}}{GJ_{jt}} \times R_{jt}^{flow}$$

其中公式中的 S_{jt}^{d} 和 GJ_{jt} 分别表示 j 国在 t 年内的国内研发存量和 j 国高校在第 t 年时的在校人数。值得注意的是公式中的 R_{jt}^{flow} 表示第 t 年从 j 国学成返国的留学生人数，用公式表示如下：

$$R_{jt}^{flow} = I_{j,\ t-1}^{flow} + NI_{jt}^{flow} - HR_{j,\ t}^{flow}$$

在林琳（2009）研究成果的基础上，将海归规模量化成学成归国的人数。因此上式中的计算原理是利用 $t-1$ 年在 j 国的中国留学生人数（$I_{j,\ t-1}^{flow}$）与 t 年时新输入 j 国的中国留学生（NI_{jt}^{flow}）的总和，减去第 t 年 j 国的中国留学生人数（$HR_{j,\ t}^{flow}$），从而得到第 t 年从 j 国学成返国的留学人数（R_{jt}^{flow}），推算过程中所需要的数据，采用国家留学基金委的相关统计。

同时由于 j 国的人均研发能力会对海归知识溢出有所影响，所以我们用 S_{jt}^{d}/GJ_{jt} 来表示 j 国受教育的人力资本在第 t 年的人均研发存量。然后我们依据从 j 国学成海归人员的研发存量是与 j 国受教育人员的人均研发能力成正相关的，最终得出海归与中国技术进步的知识溢出存量的关系。

另外，留学人员之所以在学有所成后选择回归，主要是受中国经济增长、贸易和实际使用 FDI、教育经费投入总额、科技经费投入、在校生数等指标的吸引，为便于统计，我们将这 5 个指标的引力之和称为海归引力综合权数，用公式表示为

$$\text{index}_{it} = a_1 x_{it} + a_2 x_{gy} + a_3 x_{ie} + a_4 x_{ky} + a_5 x_{gdp}$$

其中，index_{it} 表示各地区历年的海归引力综合权数，x_{it}、x_{gy}、x_{ie}、x_{ky}、x_{gdp} 分别表示历年各地区高校在校生数占全国高校在校生数的比重、各地教育经费投入占全国教育经费的比重、各地贸易和实际使用 FDI 总额占全国贸易和实际使用 FDI 总额的比重、地区科技经费投入占全国科研经费投入的比重以及地区 GDP 占全国 GDP 的比重。本章以历年各地区海归引力综合权数 index_{it} 作为权重，用历年海归人员对中国的研发溢出存量与该权重的乘积来衡量历年海归在各地区的研发溢出存量，即：

$$S_{it}^{\text{flow}} = \left(\sum_{j=1}^{8} \frac{S_{jt}^{d}}{GJ_{jt}} \times R_{*}^{\text{flow}} \right) \times \text{index}_{it}$$

各地区投资支出变量（invest）以及各地区政府支出变量（gov）来自各年度中国统计年鉴。

4.4.3 基本统计分析与数据来源

本研究的数据主要来源于美国遗产基金会、世界银行发展数据库、联合国教科文组织数据库、《中国金融年鉴》《中国对外贸易统计年鉴》《中国检察年鉴》《中国知识产权年鉴》《中国统计年鉴》以及《国际统计年鉴》等。表 4.1 列示了文中主要变量的描述性统计。

表 4.1　变量的描述性统计

变量名	变量符号	均值	标准差	最小值	中位数	最大值	观测值
A 栏：因变量							
全要素生产率	TFP	3.759	0.266	2.684	2.164	4.145	5 350
B 栏：自变量							
制度水平	institution	5.312	1.455	1.021	4.892	8.981	5 350
金融市场效率	finance	0.313	0.091	0.121	0.287	0.518	5 350
腐败程度	corruption	20.144	3.271	17.843	19.45	24.177	5 350
政府管制	regulation	0.327	0.093	0.112	0.208	0.675	5 350
知识产权保护	ip	0.431	0.135	0.078	0.318	0.783	5 350
政策开放度	open	0.391	0.080	0.120	0.270	0.580	5 350
海归研发溢出存量	S_{it}^{flow}	7.751	1.319	5.018	6.754	10.802	5 350
C 栏：控制变量							
吸收能力	absorb	17.527	1.553	14.530	15.56	21.440	5 350
国内各地区研发资本存量	S_{it}^{D}	11.951	1.646	8.970	10.87	18.252	5 350
国内投资	invest	9.972	2.917	3.991	6.43	12.098	5 350
政府支出	gov	6.343	1.678	4.563	5.97	9.082	5 350
产学研结合	iur	0.067	0.012	0.018	0.056	0.082	5 350

4.5　实证过程与结果分析

4.5.1　制度环境对海归知识溢出效应的影响：总样本估计

表 4.2 给出了全部样本的估计结果。根据 Hausman 检验，所有模型均是在固定效应模型下的估计结果。在第（1）列至第（6）列中，$\ln S_{it}^{flow}$ 的系数全部显著为正，说明海归回流对中国技术进步效应具有正向影响作用。且第（1）列中，制度水平对海归知识溢出效应的影响程度为 0.033，即制度水平与海归回流的知识溢出效应具有正向关系，表明制度水平每提高一个百分点，将导致海归知识溢出效应提升约三个百分点。

表 4.2　制度对海归知识溢出效应影响的总样本估计

系数项	制度因素 x_{it}					
	institution (1)	finance (2)	corruption (3)	ip (4)	regulation (5)	open (6)
$\ln S_{it}^{flow}$	0.079 *** (7.170)	0.072 *** (7.870)	0.065 *** (7.340)	0.078 ** (2.780)	0.075 * (1.580)	0.077 ** (2.680)
$\ln x_{it}$	0.023 ** (2.670)	0.027 ** (2.560)	0.037 *** (7.890)	0.032 ** (2.570)	0.037 *** (7.830)	0.038 ** (2.170)
$\ln S_{it}^{flow}\times x_{it}$	0.033 *** (8.980)	0.026 *** (7.340)	−0. 021 * (−1.850)	0.010 *** (8.780)	−0.025 ** (−2 . 830)	0.009 ** (2.380)
$\ln absorb_{it}$	0.053 ** (2.150)	0.056 *** (8.870)	0.058 ** (2.780)	0.051 *** (8.870)	0.062 ** (2.450)	0.059 *** (8.890)
$\ln S_{it}^{D}$	0.009 ** (2.750)	0.011 *** (8.710)	0.012 ** (4.720)	0.018 *** (8.710)	0.011 ** (4.430)	0.012 *** (8.360)
$\ln invest_{it}$	0.111 *** (4.450)	0.115 *** (4.780)	0.119 *** (7.490)	0.112 *** (4.660)	0.113 *** (8.280)	0.119 *** (9.410)
$\ln gov_{it}$	0.051 *** (4.110)	0.515 *** (4.450)	0.059 *** (7.670)	0.052 *** (5.780)	0.063 *** (8.460)	0.049 *** (9.120)
lniur	0.081 *** (4.450)	0.083 *** (4.780)	0.085 *** (7.490)	0.083 * (1.780)	0.079 *** (9.410)	0.082 * (1.980)
常数项	0.032 *** (4.401)	0.037 * (1.510)	5.138 *** (13.410)	3.037 *** (7.510)	4.143 *** (11.410)	4.037 *** (7.510)
固定效应	是	是	是	是	是	是
Adjust-R^2	0.743	0.779	0.813	0.832	0.786	0.832
F	27.311	28.563	28.786	28.162	25.355	28.162

注：***、** 和 * 分别代表在 1%、5%和 10%的水平上显著，括号内为 t 值。

第（2）至（6）列逐步加入了海归研发溢出存量与金融市场效率（finance）、海归研发溢出存量与腐败（corruption）、海归研发溢出存量与产权保护（ip）、海归研发溢出存量与政府管制（regulation）、海归研发溢出存量与开放度（open）指标的交乘项，以分别考察制度环境通过金融市场效应、腐败效应、产权保护效应、政府管制效应以及开放效应对海归知识溢出效应的影响。回归结果显示五个交互项除了腐败变量和政府管制变量外，其余 3 个制度因素与 $\ln S_{it}^{flow}$ 的交乘项系数均显著为正，这也验证了本研究理论分析的结论。这在一定程度上说明海归回流的知识溢出效应不会自动对我国技术进步产生促进效应，只有与各省市良好的制度环境相结合，才可能促进海归知识溢出效应的释放。

具体来看，“金融市场效率”变量对海归知识溢出效应的促进效应最为明显，说明随着金融发展水平的提升，释放的海归知识溢出效应会进一步提升。“知识产权保护”变量对海归知识溢出效应的影响次之，说明在良好的产权保护制度下，海归企业家私有产权能够得到强有力的法律保护，减少了其利益被侵占的风险，能激励海归企业家的长期投资。例如，在现实中，海归对于回国创业最大的顾虑就是其知识产权能否得到有效的保护，这让很多海归创业者望而却步，也很大程度上制约了海归的创新激情和动力（胡永刚，2016）。“开放度”变量与海归研发溢出存量交乘项系数同样显著为正，说明进一步扩大开放度，释放的海归知识溢出效应会进一步提升。表明开放的制度环境对海归知识溢出效应的释放十分重要，进一步说明宽容失败、开放包容的创新文化氛围有利于调动科技创新人才的极性，发挥人才的创新潜能。

此外，“腐败”的估计结果初步显示腐败是海归知识溢出效应的“绊脚石”。说明当腐败现象比较普遍并且被制度化时，非生产性活动的机会多于生产性活动，且经济利益更高，有才能和高学历的海归企业家更愿意进行寻租活动而非生产性工作，同时腐败还会抑制海归企业创新活动，延缓将新技术运用于新设备、新生产工艺的进程（Fisman et al.，2002）。

4.5.2 制度水平对海归知识溢出效应的影响：分地区估计

本研究进一步聚焦制度水平这一变量，研究不同地区的制度水平对海归知识溢出效应的地区差异，结果如表 4.3 所示。由表 4.3 可以看出，华北、华东、华南地区的制度水平与海归研发溢出存量交乘项系数均显著为正，且影响系数较大，说明东部地区在过去一段时间里得益于政府的倾斜性经济发展政策，在教育、科技、金融等方面得到的政府扶持远大于中西部地区，这为该地区海归知识溢出效应的释放提供了更强有力的保障和支持。华中、西南地区的制度水平与海归研发溢出存量交乘项系数均显著为正，但影响程度较东部地区相比较较小，同时东北、西北地区的制度水平与海归研发溢出存量交乘项系数均显著为负，说明目前东北、西北地区效率存在一定的制度约束，在一定程度上增加了海归创新创业的成本，说明上述两地区尚不能为海归知识溢出效应的释放提供必要的制度环境支持。这在一定程度上表明我国的制度水平对海归知识溢出效应的影响存在显著的地区差异，东部地区良好的制度环境有力地促进了该区域海归知识溢出效应的释放，而西部地区的制度环境在促进海归知识溢出效应方面仍有待改善。这进一步说明制度水平总体对海归知识溢出的地区差异有重要影响，相比制度水平低的地区而言，制度水平高的地区能从海归回流中获得更多的知识溢出效应，从而有更快的生产率增长，这意味着一地区制度水平的提升将有助于获得海归释放的知识溢出效应。

表 4. 3　制度水平对海归知识溢出效应影响的地区差异

系数项	制度变量 x：institution						
	东北	华北	华东	华南	华中	西南	西北
$\ln S_{it}^{flow}$	0. 044*** (7. 170)	0. 092*** (7. 241)	0. 091*** (7. 341)	0. 089** (2. 982)	0. 035 1* (1. 673)	0. 031 8** (2. 330)	0. 011*** (7. 120)
$\ln x_{it}$	-0. 013* (-1. 670)	0. 077** (2. 550)	0. 070*** (7. 810)	0. 062** (4. 570)	0. 047*** (8. 230)	0. 038** (4. 130)	-0. 023** (-2. 670)
$\ln S_{it}^{flow}\times x_{it}$	-0. 019* (-1. 461)	0. 068** (2. 890)	0. 072** (2. 903)	0. 064** (2. 45)	0. 061** (2. 810)	0. 059** (2. 460)	-0. 011* (-1. 420)
$\ln absorb_{it}$	0. 028** (2. 230)	0. 116*** (9. 820)	0. 108** (2. 990)	0. 091*** (8. 807)	0. 062 3** (2. 907)	0. 042*** (8. 273)	-0. 034 3** (-2. 165)
$\ln S_{it}^{D}$	0. 008** (2. 331)	0. 014*** (8. 791)	0. 011** (2. 560)	0. 008*** (8. 792)	0. 012** (2. 890)	0. 010*** (8. 332)	0. 007** (2. 432)
$\ln invest_{it}$	0. 081*** (8. 415)	0. 112** (4. 232)	0. 890*** (7. 936)	0. 072** (4. 610)	0. 071*** (8. 210)	0. 065*** (8. 470)	0. 011* (1. 450)
$\ln gov_{it}$	0. 031*** (8. 101)	0. 517** (2. 417)	0. 069*** (7. 871)	0. 078** (2. 723)	0. 063** (2. 423)	0. 043*** (8. 190)	0. 021** (2. 670)
lniur	0. 011** (2. 410)	0. 043** (2. 730)	0. 055*** (7. 460)	0. 053* (1. 780)	0. 042*** (9. 410)	0. 032* (1. 980)	-0. 081** (2. 450)
常数项	1. 032*** (5. 401)	2. 037* (1. 420)	12. 138*** (11. 110)	13. 037*** (5. 510)	6. 143*** (4. 410)	3. 037*** (6. 518)	4. 032*** (4. 401)
固定效应	是	是	是	是	是	是	是
Adjust-R^2	0. 643	0. 679	0. 713	0. 782	0. 816	0. 672	0. 773
F	27. 612	27. 662	26. 185	26. 668	27. 153	28. 389	26. 679

注：①***、**和*分别代表在1%、5%和10%的水平上显著，括号内为t值；②根据Hausman检验，所有模型均是在固定效应模型下估计得结果。

4. 5. 3　各省市制度环境对海归知识溢出效应的影响差异

4. 5. 3. 1　金融市场环境与海归知识溢出效应

在我国东部部分省份和地区，如北京、上海、江苏、浙江、山东，金融市场效率对海归知识溢出影响效应十分大且为正，这主要是由于东部多数省份和地区属于我国改革开放的前沿地带，大多具有较强的经济实力和较高的经济发展水平，它们在金融发展水平的多个方面也大多处于优势地位。它们在金融规模、金融结构和金融效率等方面较中、西部省份有绝对优势（夏祥谦，2014）。这说明东部部分省份的金融市场效率已发展到一定程度，海归回流的知识溢出对区域技术进步存在十分明显的正向促进效应。同时中部地区如宁夏、江西、湖北、湖南、山西，金融市场效率对海归知识溢出效应较大，但显著为负，这主要是由于国家对东部地区的长期政策支持和近年来对西部地区经济发展的大力倾斜，中部地区已逐渐成政策“洼地”，政府对该地区的政策制度支持力度可能不如东部地区和西部地区，导致该地区的制度环境未能为该地区海归知识溢出提供足够的制度保障和支持，从而无法对知识溢出效应产生正向影响。并且西部绝大多数省份的金融市场效率对海归知识溢出效应不显著，这是由于虽然国家对西部地区近年来的政策支持力度较大，但其金融发展尚处于较低水平，不能对海归知识溢出效应产生正向促进作用。这与西部地区金融资源相对匮乏、金融市场相对落后有一定关系。但随着“一带一路”倡议的推进，西部地区的金融发展水平有望进一步提升从而带动当地释放更多的海归知识溢出效应。然而，同样处于西部地区的四川、重庆，其金融市场效率对海归知识溢出的影响效应却显著为正，这是由于四川、重庆的金融发展水平与西部其他省份相比较，在过去近二十年里金融发展水平一直位列前茅，这与国家西部大开发战略有密切关系。西部大开发战略实施十年，经过这十年的快速发展，四川、重庆现已成为西部地区金融机构数量最多、种类最齐全、开放程度最高的省份。同时，2012 年中国（深圳）综合开发研究院发布的中国金融中心指数和《中国重点城市金融发展水平评估报告》（2012 年）均显示，四川省的省会成都市的金融发展水平已经居中西部城市首位①。而前期文献已发现四川、重庆的海归知识溢出效应与周边省份相比均较高，这在一定程度上说明四川、重庆较高的海归知识溢出效应是在其较高的金融发展水平支持下释放的。

由此可以看出，海归回流的知识溢出显著依赖于各省市金融市场效率，可能只有当金融市场效率越过一定门槛值之后，海归回流才会对本土产生显著技术进步效应，对此因素的判断笔者会在后文进一步分析。

4.5.3.2 腐败与海归知识溢出效应

我国东部绝大多数省份的腐败程度对海归知识溢出的影响效应显著为正，而中部、西部地区多数省份的腐败程度对海归知识溢出的影响效应显著为负。这是由于我国各地区市场化进程较不均衡，东部沿海地区已经逐步完成向市场经济的转型，腐败程度相对较低。在良好的制度环境下，由于海归创办的企业可以借助正式制度的作用获得创新所需的各种资源，此时腐败程度较低，对海

---

① 佚名. 成都金融发展水平位居中西部地区第一 [EB/OL]. (2013-05-03) [2019-12-17]. http: //www. ceh. com. cn/shpd/2013/05/194774. shtml.

归知识溢出效应的影响具有促进效应。但在部分中、西部地区，如内蒙古、河北、江西、湖南、湖北等中部省份腐败对海归知识溢出的影响有抑制作用，这是因为中部地区的制度比东部地区的制度落后一些，海归企业家在一定程度上会将部分资本用来贿赂官员，从而使海归企业的利润或者潜在利润被腐败剥夺，但随着这些地区经济发展水平的不断提高，制度日趋完善，市场体系日趋有效，腐败程度的进一步降低有望进一步带动当地海归企业家创新创业以释放更多的知识溢出效应。

上述情况在一定程度上也说明由地区差异所引致的不同腐败程度对海归知识溢出效应会产生不一致的影响作用。后文也将进一步分析腐败对海归知识溢出效应影响的门槛特征。

4.5.3.3 政府管制与海归知识溢出效应

我国东部地区如北京、上海、江苏、浙江、福建、广东等省市的政府管制水平相对较低，其对海归知识溢出效应的影响为促进效应。同时，中部多数省份相对较高的政府管制水平对海归知识溢出的影响效应显著为负，且西部绝大多数省份的政府管制强度对海归知识溢出的影响程度十分大，且显著为负。上述情况可以引申出，海归回流的知识溢出效应是否随政府管制强度的提高而增强，当政府管制强度超过某一临界值时这种促进效应是否开始减弱，并产生抑制效应？在此基础上，我们研究中国政府管制强度水平在多大区间范围内，海归回流释放的知识溢出效应最大？后文将进一步分析。

4.5.3.4 知识产权保护与海归知识溢出效应

我国西部地区绝大多数省份的知识产权保护对海归知识溢出效应的影响显著为负。然而，同样处在西部的四川省的知识产权保护力度对海归知识溢出效应的影响却显著为正，这是由于成都作为四川省的省会，是西部地区第一个建立知识产权专门法庭的城市。成立知识产权审判庭，会增加初创企业对创新创业的信心，因为如果创新的东西得不到保护，很快被仿冒，对企业的发展会带来很大的打击①。

而知识产权保护力度较大的东部沿海省份和地区，如北京、上海、山东、江苏、浙江、福建、广东等，由于有较强的知识产权保护力度，海归回流释放的知识溢出效应显著为正。例如，上海是具有全球影响力的科技创新中心，对海归创新创业的知识产权保护做得相对较好，定期会举办海归创业知识产权保

① 王晓燕，兰田．建知识产权保护第一城，成都打下坚实基础［EB/OL］．（2017-01-10）［2019-12-05］．http：//sichuan．scol．com．cn/cddt/201701/55796620．html．

护座谈会，说明上海已经意识到知识产权保护对于创新创业的积极作用。上海浦东新区出台了《企业技术秘密保护指导意见》，为如何保护企业知识产权提供了一系列参考范本，同时建立了知识产权共享平台，帮助创业企业及时了解相关领域的研发水平，掌握技术市场的主动权，这对处于创业初期的海归十分必要。海归回国创办企业，前期资金普遍不足，再加上缺乏相应的法律维权部门和专利保护措施，企业的技术研发与产权保护往往不能同步实现。随着市场竞争的加剧，海归企业为了抢占先机，普遍抱着“先研发，后保护”的观念，这给知识产权纠纷的出现埋下了隐患，同时在一定程度上抑制了海归知识溢出效应的释放（陈怡安，2017）。

我国中部部分省份知识产权保护力度对海归知识溢出影响效应也显著为正，但影响程度较东部省份相对弱一些。这说明随着我国各省市知识产权保护力度的增强，各省市海归知识溢出效应也进一步提升，这实际上意味着海归的知识溢出效应存在着一定的知识产权保护力度的“门槛特征”，即当一个地区的知识产权保护力度达到一定的水平时，海归回流的知识溢出效应才会充分显现。后文将进一步说明。

4.5.3.5　开放度与海归知识溢出效应

开放度相对较高的北京、上海、广东、湖北、重庆等东部地区海归释放的知识溢出效应十分大，东北三省、山东、福建、江西等省份开放度对海归知识溢出效应相对北京、上海等省市相对弱一些。但是中部、西部部分省份的开放度对海归知识溢出效应显著为负，并且西部一些省份如西藏、新疆、云南、内蒙古等其开放度对海归知识溢出效应的影响不显著。上述情况表明随着各省份进一步扩大开放度，海归释放的知识溢出效应会进一步提升，但海归知识溢出效应是否存在基于开放度的门槛效应，笔者将在后文进一步分析。

4.6　门槛检验

4.6.1　门槛效果检验

通过上述分析，本研究选取金融市场效率、腐败水平、政府管制、知识产权保护力度以及开放度作为制度环境影响海归知识溢出效应的门槛变量，在使用固定效应模型的基础上，依次对上述各变量运用模型（4.6）进行门槛检验和估计。

首先是门槛效果检验。我们需要确定门槛的个数，以便确定模型的形式。

依次在单一门槛、双重门槛和三重门槛的设定下对模型（4.6）进行估计，得到的 F 统计量和采用 Bootstrap 方法得出的 P 值见表 4.4。

表 4.4　门槛效果检验

内容	金融市场效率 finance	腐败程度 corruption	政府管制 regulation	知识产权保护力度 ip	开放度 open
单一门槛检验	12.280** [0.020]	8.45*** [0.000]	23.45*** [0.000]	20.89** [0.002]	26.56** [0.021]
双重门槛检验	2.942 [0.310]	13.12*** [0.000]	23.31 [0.68]	45.23*** [0.000]	23.29*** [0.000]
三重门槛检验	0.654 [0.883]	15.25 [0.422]	0.252 [2.821]	2.251 [3.873]	12.299 [13.86]
样本最小值	0.84	17.84	0.122	0.561	0.122
样本最大值	4.271	24.171	0.921	0.980	0.580
样本均值	2.374	20.144	0.530	0.670	0.490

注：括号上方的数字为门槛检验对应的 *F* 统计量，***、** 分别表示在 1%和 5%的显著性水平上显著，括号内的数字为采用 Bootstrap 方法抽样 2 000 次得到的 *P* 值。

由表 4.4 门槛检验结果可以看出，金融市场效率、政府管制变量的单一门槛效果分别通过了 5%、1%水平下的显著性检验，但双重和三重门槛效果没有通过 5%的显著性检验，说明金融市场效率、政府管制两个变量仅存在一个门槛值。腐败水平、知识产权保护力度以及开放度三个变量的单一与双重门槛检验均比较显著，但三重门槛检验并不显著，说明在所研究的样本内包含两个门槛值。

4.6.2　门槛估计值检验

各制度门槛变量的估计值和相应的 95%置信区间如表 4.5 所示。

表 4.5　门槛值估计结果

内容	门槛值 $\hat{\gamma}_1$		门槛值 $\hat{\gamma}_2$	
	估计值	95%置信区间	估计值	95%置信区间
金融市场效率	0.37	[0.341，0.397]		
腐败程度	18.11	[17.542，19.641]	22.34	[21.542，23.641]
政府管制	0.34	[0.296，0.388]		

表4.5(续)

内容	门槛值 $\hat{\gamma}_1$		门槛值 $\hat{\gamma}_2$	
	估计值	95%置信区间	估计值	95%置信区间
知识产权保护力度	0.47	[0.416, 0.532]	0.87	[0.816 , 0.913]
开放度	0.28	[0.216, 0.331]	0.41	[0.401, 0.445]

4.6.3 模型的参数估计结果

4.6.3.1 金融市场效率

如表4.5所示，金融市场效率对海归知识溢出的影响呈现正向单一门槛特征。同时结合表4.6可以看出，当金融市场效率低于0.37时，海归知识溢出的回归系数仅为-0.019，而当金融市场效率跨过这一门槛时，相应的海归知识溢出回归系数跃升为0.032，存在“加速”的正效应。即金融市场效率对海归回流的知识溢出效应存在明显的门槛特征。目前跨越金融市场效率门槛值的省份有北京、上海、山东、浙江、江苏、福建、广东和四川，可以看出跨越金融市场效率门槛值的省份主要集中在东部沿海地区。这主要是由于东部多数省市属于我国改革开放的前沿地带，大多具有较强的经济实力和较高的经济发展水平，它们在金融发展水平的多个方面也大多处于优势地位，特别是在金融规模、金融结构和金融效率等方面较中、西部省份有绝对优势（夏祥谦，2014），因此，当东部区域金融市场效率到一定程度（跨越第一门槛值）时，海归回流的知识溢出对区域技术进步存在十分明显的正向促进效应。

表4.6 模型的参数估计结果

解释变量	金融市场效率 finance	腐败程度 corruption	政府管制 regulation	知识产权保护 ip	开放度 open
$\ln S_{it}^{flow}$	0.071*** (7.820)	0.065*** (7.320)	0.058*** (8.780)	0.063* (1.580)	0.077** (2.602)
$\ln x_{it}$	0.027** (2.560)	0.037*** (7.840)	0.034** (8.570)	0.037*** (7.830)	0.038** (8.130)
$\ln S_{it}^{flow}\_1$	-0.019*** (-8.020)	0.050** (2.330)	0.059*** (8.330)	-0.045*** (-8.120)	-0.031*** (5.120)
$\ln S_{it}^{flow}\_2$	0.032*** (7.080)	-0.024*** (7.580)	-0.064* (1.750)	0.024** (2.370)	0.028** (3.250)

表4.6(续)

解释变量	金融市场效率 finance	腐败程度 corruption	政府管制 regulation	知识产权保护 ip	开放度 open
$\ln S_{it}^{flow}\_3$		−0.087*** (8.110)		0.074*** (8.450)	0.067* (1.490)
$\ln absorb_{it}$	0.052*** (8.320)	0.053*** (7.780)	0.057*** (8.920)	0.060*** (7.460)	0.052*** (8.890)
$\ln S_{it}^{D}$	0.013*** (8.490)	0.012*** (4.702)	0.013*** (8.403)	0.011*** (4.409)	0.010*** (8.506)
$\ln invest_{it}$	0.117*** (4.590)	0.113*** (7.430)	0.118*** (4.690)	0.129*** (8.480)	0.123*** (9.170)
$\ln gov_{it}$	0.581*** (4.690)	0.053*** (7.970)	0.059*** (5.980)	0.062*** (8.410)	0.059*** (9.140)
lniur	0.083*** (4.780)	0.085*** (7.530)	0.0843* (1.980)	0.079*** (9.110)	0.0822* (1.440)
常数项	0.011** (2.410)	0.043** (2.730)	0.055*** (7.460)	0.0531* (1.780)	0.042*** (9.410)
R^2	0.673	0.645	0.715	0.743	0.733

注：括号内为各系数所对应的t统计量，***、**、*分别表示在1%、5%、10%的显著性水平上变量显著。

4.6.3.2 腐败程度

如表4.5所示，腐败对海归知识溢出的影响呈现双重门槛特征。结合表4.6可知，当腐败程度低于第一个门槛值时，海归知识溢出对各区域技术进步的影响效应显著为正，估计系数约为0.05，具有“润滑”效应。这是由于，在腐败程度较低的制度环境下，海归企业可以借助正式制度的作用获得创新所需的各种资源，这对于海归知识溢出效应的释放具有促进效应。然而，当腐败水平位于两个门槛值之间时，海归知识溢出对各区域技术进步的影响在5%的显著性水平下显著为负，估计系数仅为-0.024，说明此时腐败对海归知识溢出效应具有“摩擦”效应。这是因为当腐败程度较高时，法律的不健全和对政府的弱约束导致了政府权力过大、对市场干预度过强，营商管制复杂性更高。在这样的法律环境下，海归企业家的经营风险更高、不确定性更大，海归企业家不仅得不到有效的产权保护和公正的社会待遇，反而会时常遭受来自政府及其相关部门的“歧视”和“掠夺”，从而在一定程度上抑制了海归回流释放的知识溢出效应（Fisman et al., 2012）。同时由于较高腐败租金的存在将激励海归企业家更多地脱离生产性活动而从事腐败活动从而抑制其知识溢出效应的释放（Murph et al., 1993）。但当腐败程度跨越第二个门槛值时，海归回流释放的知识溢出进一步加速下降，估计系数仅为-0.087，说明较严重的腐败问题不仅会导致大量科研人员流失海外，导致政府对教育与研发方面的支出严重不足，而且会导致对财政支出与公共研发投入监管的不足而引起公共资源的扭曲与浪费，以及严重降低我国海归研发创新强度，进而抑制海归知识溢出效应的释放。

4.6.3.3 政府管制

理论上，政府部门对市场的过度管制，可能抑制潜在海归企业家的创新创业活动，进而对中国经济造成诸多负面影响（陈刚，2015）。门槛面板模型分析表明，政府管制对海归知识溢出的影响呈现正向单一门槛特征（如表4.5所示）。同时结合表4.6发现，当地区政府管制程度低于第一门槛值时，海归回流释放的知识溢出效应为0.059，这主要集中在北京、上海、江苏、浙江、福建、广东等东部省市。当各省市政府管制程度跨过该门槛值时，相应的海归回流释放的知识溢出效应为-0.064，具有抑制效应，主要集中在中部、西部绝大多数省份，这在一定程度上说明我国管制相对较强的省市尚不能为海归知识溢出效应的释放提供必要的制度支持。由此我们得出，海归回流的知识溢出效应随政府管制强度的提高而减弱，当政府管制强度超过一定门槛值时其知识溢出效应开始减弱，并产生抑制效应，即海归回流的知识溢出效应存在基于政府管制程度的门槛特征。

4.6.3.4 知识产权保护力度

结合表4.5、表4.6可以看出，知识产权保护力度对海归知识溢出的影响呈现双重门槛特征。当一地区知识产权保护力度低于第一门槛值时，知识产权保护力度对海归知识溢出效应的影响为-0.045，在1%的显著性水平下显著为负。当知识产权保护力度跨越第一门槛值后，海归回流释放的知识溢出效应为0.024，在5%的显著性水平下显著为正，即当一个地区的知识产权保护力度达到跨越第一门槛值时，海归回流的知识溢出效应才会充分表现。而当知识产权保护力度高于第二门槛值时，海归回流的知识溢出效应则进一步跃升为0.074。

对上述门槛模型估计结果可解释为：当某一地区的知识产权保护水平很低时，技术转让合同或协议往往很难受到法律的严格保护，从而可能会导致签约双方容易产生“敲竹杠”等机会主义行为，这会阻碍当地技术转让市场的形成，从而降低海归企业通过技术转让方式获取研发收益的可能性（Wakasugi et al., 2009）。而当一地区的知识产权保护水平较高，跨越第二门槛值时，说明该地区的知识产权保护体系相对较为完善，高精尖科技人才将更愿意从事高风险的 R&D 投入，加强技术学习和技术创新，进而促进生产率的增长。有效的知识产权保护能防止非法复制和模仿海归先进技术，从而形成有利于海归高层次人才引进国外高新技术产品的制度环境，增加接触和学习前沿技术的机会，进而加速了海归知识溢出效应的释放（邓海滨 等，2010）。这在一定程度上说明各地政府应加大对知识产权的保护力度，这将使各行业内实施创新的海归企业更可能通过专利授权或垄断使用专利来获益，而不必因技术被侵权而使得利益受损，从而激发海归企业进行持续创新。

4.6.3.5　开放度

从表 4.5 可看出，开放度对海归知识溢出的影响呈现双重门槛特征。结合表 4.6 可以发现，当一地区的开放度低于第一门槛值时，开放度对海归知识溢出效应的影响为-0.031，在 5%的显著性水平下显著为负。其中四川、青海、甘肃、贵州、云南、安徽、宁夏、山西、河北等省市尚未跨越第一门槛值。但随着第一个门槛的跨越，其影响系数上升为 0.028，如山东、江西、福建、吉林、辽宁、黑龙江已成功跨过了第一门槛值。同时当开放度水平跨越第二门槛值时，海归回流的知识溢出效应上升为 0.067，但仅有北京、江苏、上海、重庆、湖北、广东等省市跨过了开放度水平的第二个门槛。上述实证结果表明海归知识溢出效应存在基于开放度的门槛效应。这在一定程度上也说明开放环境对海归知识溢出效应的释放十分重要，从侧面也反映出当前政府大力营造崇尚创新、容忍失败的开放氛围是十分必要的。

4.7　小结

制度环境对海归回流释放的知识溢出效应影响究竟有多大？对此问题的准确回答具有重要的政策含义。

在理论层面，本部分分析了制度环境对海归知识溢出效应的影响机制，为制度环境如何影响海归知识溢出效应提供了一条具体而完整的作用渠道，即制度环境通过金融市场效应、腐败效应、政府管制效应、知识产权保护效应以及开放效应对海归知识溢出效应的影响。

在实证层面，本部分基于中国 1995—2017 年省级面板数据，评估了制度环境对海归知识溢出效应的影响。研究发现：

第一，制度水平对海归回流的知识溢出效应的影响为正，如金融市场效应、知识产权保护效应和开放效应对海归知识溢出效应的释放产生了积极效应，而腐败效应与政府管制效应对海归知识溢出效应的释放产生了抑制效应。

第二，制度水平对海归知识溢出效应的影响存在显著的地区差异，东部地区良好的制度环境有力地促进了该区域海归知识溢出效应的释放，而西部地区的制度环境在促进海归知识溢出效应方面仍有待改善。这在一定程度上说明制度水平对海归知识溢出效应的地区差异有重要影响，相比制度水平低的地区而言，制度水平高的地区能释放更多的海归知识溢出效应。

第三，研究进一步发现制度水平各因素对中国海归知识溢出效应的影响，证实了海归知识溢出效应存在基于制度水平各因素的门槛效应。金融市场效率、政府管制对海归知识溢出的影响呈现单一门槛特征，而腐败程度、知识产权保护、开放度对海归知识溢出的影响呈现双重门槛特征。

研究表明，制度水平各因素对海归知识溢出效应的具体影响如下：

第一，目前东部区域多数省市的金融市场效率已跨越第一门槛值，海归回流的知识溢出对区域技术进步存在十分明显的正向促进效应。

第二，在腐败程度较低（低于第一门槛值）的良好制度环境下，海归企业可以借助正式制度的作用获得创新所需的各种资源，如东部部分省份和地区，其腐败水平对海归知识溢出效应的释放具有“润滑”效应。当腐败程度位于两个门槛值之间时，例如处于中部的绝大多数省市，腐败对海归知识溢出效应具有“摩擦”效应。而在腐败程度非常高的西部地区，海归回流释放的知识溢出效应则进一步加速下降。

第三，当一地区知识产权保护力度低于第一门槛值时，知识产权保护力度对海归知识溢出效应的影响效应为负，而当一地区知识产权保护水平较高，跨越第二门槛值时，较强的知识产权保护力度形成了有利于海归高层次人才引进国外高新技术产品的环境，进而加速了海归知识溢出效应的释放。

第四，海归知识溢出效应存在基于开放度的门槛效应。这说明开放的制度环境对海归知识溢出效应的释放十分重要，这也从侧面也反映出当前政府大力营造崇尚创新、容忍失败的开放氛围十分必要。研究进一步发现我国管制相对较强的省份尚不能为海归知识溢出效应的释放提供必要的制度支持。

5 金融发展对海归知识溢出效应的影响

5.1 问题的提出

对知识溢出渠道方面的研究，早期文献似乎重点关注了金融市场发展对 FDI 知识溢出效应的影响。例如：Borenztein 等（1998）研究了 FDI 中的知识溢出与经济发展的关系，认为 FDI 是知识溢出的重要渠道，对经济增长有促进作用，同时认为 FDI 中知识溢出成功的关键因素是东道国有一定的人力资本存量。更进一步地，在 FDI 知识溢出与金融市场效率方面，Lvaro 等（1994）认为本地企业会向跨国公司在东道国的子公司学习，在发生技术转移情况下，本地企业会利用获得的新技术建立新企业。而新企业的建立需要风险投资，假定从国内金融市场借贷，如果金融部门发展不够充分导致借贷成本过高，则新企业有可能无法建立，技术转移将被迫中断。Berthelemy 等（1996）对不同经济体的实证检验发现，金融发展水平在临界值以上的经济体，通过金融深化将会促进 FDI 对本地企业的溢出效应，但金融发展水平低于临界值的经济体，其金融部门规模的边际增长则会对企业溢出效应起到抑制作用。Alfaro（2003）通过对 120 个样本国家的面板数据进行分组回归，发现基于金融市场发展的 FDI 技术溢出效应非常明显，一个落后的金融发展环境甚至会产生负向技术溢出效应。这隐含了基于金融市场发展的 FDI 技术溢出效应可能存在门槛效应。并且 Alfaro 等（2008）的实证进一步表明，对于既定的 FDI 流入量，金融发展水平高的国家的经济增长率显著高于金融发展水平低的国家的经济增长率，因此提高金融发展水平可以获得积极的 FDI 技术溢出效应。王永齐（2006）分析了 FDI 知识溢出效应对国内金融市场的依赖，认为金融市场效率的提高将降低融资成本，促进人力资本学习水平上升进而促使其更愿意努力建立新企业，这意味着金融市场效率的提高将增加 FDI 的边际社会产出，FDI 的溢出效应将在更大程度上促进国内经济增长。但上述文献主要集中在金融发展与 FDI 溢出方面。

而在知识溢出渠道与人力资本回流的这一新渠道方面，技术人员的跨国界流动作为最新的知识溢出渠道，目前相关研究正处于起步阶段，且相关文献也是针对金融发展水平与海归知识溢出效应关系方面的研究，还处于起步阶段，现有研究认为海归回流的知识溢出效应不仅受制于本国的吸收能力（陈怡安等，2013），更依赖于东道国的金融市场等制度环境的支持。Hermes 等（2003）认为一个良好的金融发展体系不但有利于吸引海归回流，而且能通过降低海归创业的融资成本，为国内企业向海归企业学习新知识和技术提供了金融支持，从而促进本土企业获得正的知识溢出效应。Schumpeter 等（1994）认为信用创造是企业家创新的前提，信用体系的缺失将导致企业家创新动力的弱化进而影响到技术创新。

但近期朱敏等（2012）认为，由于我国金融市场发展水平不高，金融市场体系不尽完善，制约了人力资本回流技术进步效应的充分发挥，认为东道国金融市场发展程度对基于人力资本回流的技术进步效应影响较大。李平等（2011）通过动态面板模型得出信贷和股票市场在海归创业引致的技术扩散效果方面不理想，并进一步得出海归创业对我国的技术进步效应并没有得到经验证据的支持。但上述文献对于金融发展水平对海归知识溢出效应的研究显得有些不够深入，尚没有进一步挖掘海归知识溢出对技术进步的影响是否存在基于区域金融发展水平的“门槛效应”。

同时在理论上，既然金融发展在一定程度上会影响海归对中国技术进步的水平，那么，区域金融发展水平、海归知识溢出与技术进步三者之间到底具有怎样的相互作用关系？区域金融发展水平是否为影响海归知识溢出效应差异的门槛因素？如果是，这种门槛效应是否显著？具体门槛值为多少？另外，金融发展水平过低是否会对海归回流的技术进步产生负效应？出于对上述问题的研究动机，本研究首先从理论上阐释区域金融发展水平、海归知识溢出对区域技术进步的影响，然后基于中国 31 个省 1995—2013 年的省际面板数据，利用非线性门槛回归模型实证考察区域金融发展水平与海归回流对技术进步影响效应的关系。

本研究与前期文献相比可能有以下三个新的重要贡献：第一，本研究在前期文献基础上，引入了金融发展的“双刃”性，验证了海归回流对中国技术进步影响效应的非线性关系，通过强调金融发展在海归知识溢出中的重要作用而扩展了以往的研究。第二，现有大多数文献在检验金融发展水平对知识溢出的门槛效应时都采用了交叉项模型法，虽然该方法可以检验单门槛效应，但无法检验多门槛效应，也无法检验门槛效应的显著性与门槛值的准确性。为克服交叉模型法的缺陷，本研究借助非线性回归技术的门槛回归方法，以区域金融发展水平为门槛变量建立面板门槛模型，实证分析区域金融发展对海归回流技术进步的影响，并对门槛效应的显著性及相应门槛值的准确性进行检验。第三，本研究发现海归回流的知识溢出效应受金融发展的内生约束而呈现出非线性动态演进规律。由此进一步挖掘到我国各省市金融市场效率的门槛特征，从而提高未来政府引进海外高层次人才政策制定的针对性，即对于经济发展较为落后的部分省市而言，由于金融发展水平很低，如果盲目地大量引进各类海外高层次人才可能并不能为释放更多的海归知识溢出效应提供必要的金融环境支持，也无法促进当地的技术进步。如果这些金融发展水平较落后的省市重视本土人力资本投资、注重当地企业的研发、自主培养人才则可能更容易解决知识溢出效应瓶颈。

5.2 理论分析

从理论上讲，金融发展、海归知识溢出与中国技术进步三者的内在作用机制主要来自以下几个方面：

首先，海归创业势必会涉及融资等金融市场因素，若金融市场能够提供积极有效的融资支持，则可促进海归对本土企业的技术进步效应。同时，前期文献认为信用创造是海归企业家创新创业的前提，信用体系的缺失将导致海归企业家创新动力的弱化进而影响到其技术创新（Schumpeter et al.，1994）。依此逻辑，信用体系的发展将加速海归企业家形成以及加大海归企业家创新的动力，因为金融市场是信用体系的核心内容，那么对其效率的改进将大幅度提高海归企业家的投资水平和创造力。长期以来，金融发展对技术进步的作用都备受关注，例如，海归企业在创办企业初期面临融资约束、信息不完善和交易成本等生产性风险等问题，而金融市场的发展、深化则在一定程度上促进了海归企业对 R&D 的投入与效率，对经济增长产生了积极的影响（张林 等，2014）。同时，既有文献中，Hermes 等（2003）认为，一个良好的金融发展体系不仅有利于吸引海归回流，而且能通过降低海归创业的融资成本，为国内企业向海归企业学习新知识和新技术提供了金融支持，从而促进本土企业获得海归释放的正向知识溢出效应。另外，一个地区的金融发展在空间上、地理上的集聚效应也能对海归回流技术进步产生积极的正效应（刘军 等，2007）。同时 Levine（1997）将金融市场的作用概括为调节资源分配、动员储蓄、风险管理等，其中对新技术的研发与推广往往由于研发成功率与未来市场收益不确定性而面临很大风险。因此，完善的金融市场可以降低企业的外部融资成本，有利于促进企业家形成和促进其知识溢出。

其次，海归知识溢出与实体经济部门技术进步之间是一种相互影响的关系。海归的流入带来了丰富的技术，从而促进了实体经济部门的技术进步。实体经济的技术进步为海归回流的创新创业提供投资空间，实体经济发展水平越高，可供海归选择的投资项目就越多，因此经济发展水平越高的地区所能吸收和消化的海归数量也越多，海归释放的知识溢出效应的利用效率也相应越高（张林 等，2014）。

最后，金融市场是海归回流对国内技术进步的重要联结纽带，东道国金融市场的运作效率将决定海归创新者能否及时获得这笔资金从而在此基础上进行创新（刘志铭 等，2004）。因此，东道国的金融市场发展程度对基于海归创新创业的知识溢出效应会产生很大影响，并影响东道国的技术吸收能力。张宇（2008）认为一个国家的吸收能力在推动技术进步和技术扩散方面具有重要作用，而金融市场效率是一国技术吸收能力的重要组成部分，金融发展水平高的国家或地区在技术进步方面往往比其他地区好。并且 Azman-Saini 等（2010）认为区域金融发展水平是影响海归知识溢出效应的门槛因素，只有当东道国的金融发展水平提升到或超过门槛值后海归回流才能促进该地区技术进步。在理论上，若一个地区的金融市场发展水平较低，区域金融实力较弱，其所能为海归提供的配套金融服务非常有限，也会制约海归创新创业技术进步效应的发挥，此时引入过多的海归人才可能不能达到促进技术进步的目的（Alfaro，2008）。目前在经验方面，李平等（2011）发现现阶段我国股票市场的流动性与股票市场的规模对海归引致的技术扩散效应存在不显著的积极作用。虽然股票市场的资本配置功能不断显现、企业融资效率和资本使用效率不断提高为海归创业提供了便利条件，但由于制度安排的障碍，海归创办的企业直接从股票市场融资的难度依然很大。也就是说，金融市场方面的股票市场在促进海归创新创业方面的作用不太理想。同时朱敏等（2012）认为金融发展水平尤其是银行信贷方面的一些因素在一定程度上制约了海归知识溢出效应的释放。例如，银行现行贷款抵押条件落后，很多来到中关村的中小高新技术海归创业者的住房、家庭等都在国外，不具备银行现行的贷款抵押条件，这些海归企业家无法直接与商业银行对接，从而影响了海归创办企业的效率。由此说明上述因素都在一定程度上阻碍了海归创业知识溢出效应的发挥。可以看出，前期文献认为金融发展水平势必在一定程度上影响海归对中国技术进步的影响效应，然而，金融发展水平与海归知识溢出效应之间究竟是什么关系？

两者是线性关系还是非线性关系？目前尚没有文献对此进行深入研究，因此，本研究将采用1995—2013年中国各省面板数据，系统研究金融发展对海归知识溢出效应的影响。

5.3 研究设计

5.3.1 模型设定

通过前文分析我们发现金融发展和海归知识溢出对回流国技术进步具有重要影响，因此，本研究构建的基础模型为

$$\mathrm{TFP}_{it} = f(\mathrm{finance}_{it},\ S_{it}^{\mathrm{flow}}) \tag{5.1}$$

其中 TFP_{it} 是地区 i 第 t 年的全要素生产率；S_{it}^{flow} 与 $\mathrm{finance}_{it}$ 分别为地区 i 第 t 年的海归知识溢出效应与金融市场效率，本研究主要考察我国金融市场发展对海归知识溢出的影响，因此，将其他影响海归知识溢出效应的因素纳入控制变量 X_{it} 中，可将（5.1）式扩展为

$$\mathrm{TFP}_{it} = f(\mathrm{finance}_{it},\ S_{it}^{\mathrm{flow}},\ X_{it}) \tag{5.2}$$

各地区人力资本的吸收能力也在一定程度上影响海归回流的知识溢出效应，知识与先进技术的扩散依赖于地区的“吸收能力”(Savvides et al.，2005)。同时，研发投入是科技创新的前提和基础，研发资本存量在很大程度上可以代表一个国家和地区技术进步的能力（李平 等，2011），因此，我们将吸收能力 $absorb_{it}$ 以及中国国内各地区研发资本存量 S_{it}^{D} 纳入控制变量 X_{it}，并且王永齐(2006）的研究表明国内投资 invest_{it}，政府支出 gov_{it} 也会在一定程度上影响溢出与经济增长，因此我们将上述两变量也纳入控制变量 X_{it} 中。

同时，为考察金融发展水平是否会对我国海归回流的技术进步效应产生影响，本研究用金融市场发展指标与海归知识溢出效应变量的交叉项 $\ln S_{it}^{\mathrm{flow}} \times \mathrm{finance}_{it}$ 表示，如果这一指标的系数为正，则表明金融市场在海归知识溢出促进技术进步方面起着非常重要的联结作用。则（5.2）式可扩展为

$$\mathrm{TFP}_{it} = f(\mathrm{finance}_{it},\ S_{it}^{\mathrm{flow}},\ \ln S_{it}^{\mathrm{flow}} \times \mathrm{finance}_{it},\ X_{it}) \tag{5.3}$$

将（5.3）式转化为对数线性函数形式可得到：

$$\ln\mathrm{TFP}_{it} = \beta_1 \ln S_{it}^{\mathrm{flow}} \times \ln\mathrm{finance}_{it} + \beta_2 \ln\mathrm{finance}_{it} + \beta_3 \ln S_{it}^{\mathrm{flow}} + \beta_4 \ln X_{it} + \mu_i + \varepsilon_{it} \tag{5.4}$$

其中，解释变量 $\ln\mathrm{finance}_{it}$ 为衡量 i 省第 t 年的金融发展水平指标，μ_i 为各

省市的固定效应，ε_{it} 为随机误差项。

事实上，模型（5.4）认为海归知识溢出对技术进步的影响效应是不确定的，它还受人力资本水平、金融市场效率、政府支出、国内投资等方面的影响（Eaton et al.，1996）。在此基础上，本研究更进一步地利用 Hansen（1999）的门槛面板模型验证金融发展水平对海归知识溢出效应是否存在非线性关系，即区域金融发展水平是否为影响海归知识溢出效应差异的门槛因素？在模型（5.4）的基础上，我们首先假设存在“单门槛效应”，并建立单门槛模型（5.5），然后将其扩展到双门槛模型（5.6）甚至多门槛模型。具体模型如下：

$$\ln TFP_{it} = \alpha \ln S_{it}^{d} + \alpha_1 \ln S_{it}^{flow} \times I(F_{it} \leqslant \gamma_1) + \alpha_2 \ln S_{it}^{flow} \times I(F_{it} > \gamma_1) + \alpha_3 \ln X_{it} + \mu_i + \varepsilon_{it} \quad (5.5)$$

$$\ln TFP_{it} = \alpha' \ln S_{it}^{d} + \beta_1 \ln S_{it}^{flow} \times I(F_{it} \leqslant \gamma_1) + \beta_2 \ln S_{it}^{flow} \times I(\gamma_1 \leqslant F_{it} \leqslant \gamma_2) + \beta_3 \ln S_{it}^{flow} \times I(F_{it} > \gamma_2) + \beta_4 \ln X_{it} + \mu_i + \varepsilon_{it} \quad (5.6)$$

其中，金融发展水平 F_{it} 为门槛变量，γ_1，γ_2 为待估计门槛值，且 $\gamma_1 < \gamma_2$，$I(\cdot)$ 为示性函数。$\ln X_{it}$ 表示显著影响被解释变量的其他控制变量，γ 表示特定变量的门槛值。当 $F_{it} \leqslant \gamma_1$、$\gamma_1 \leqslant F_{it} \leqslant \gamma_2$、$F_{it} > \gamma_2$ 时，门槛变量 α_1、β_1、α_2、β_2 以及 α_3、β_3 等为对被解释变量的影响系数或弹性关系。μ_i 为不随时间变化的各省截面的个体差异，即模型为个体固定效应模型。ε_{it} 为随机扰动项。

5.3.2 变量选取

5.3.2.1 TFP 增长率（TFP_{it}）

单豪杰（2008）估算了 1952—2006 年中国各省的实际资本数据，并随后将其更新至 2013 年。本研究基于该数据计算了人均实际资本增长率指标值，然后再利用公式“TFP 增长率=人均实际 GDP 增长率-1/3×人均实际资本增长率”（阿齐兹，2002）计算了 TFP 增长率的指标值。

5.3.2.2 金融发展水平（$finance_{it}$）

在我国，银行业的发展主导了金融的发展进程，因此很多文献用“银行贷款占 GDP 比重”来衡量中国金融发展（卢峰 等，2004；梁 等，2005）。然而，由于现实情况是很大一部分银行贷款流入了国有企业，因此用上述指标来衡量中国金融发展水平很可能与金融发展的理论内涵背道而驰。一些经验文献对“银行贷款占 GDP 比重”这个指标进行了校正，采用“非国有企业贷款占 GDP 比重”来衡量金融发展水平（张军 等，2005；赵勇 等，2010）。因此，本研究借鉴赵勇等（2010）的方法，重新估算了“非国有企业贷款占 GDP 比重”指标值，并以之来衡量中国各省金融发展水平。

5.3.2.3 吸收能力（$absorb_{it}$）

本研究用 HK_{it} 表示地区 i 第 t 年的人力资本存量，采用我国各学历层次的人力资本存量来构造中国总体的人力资本存量指标，计算公式为：$HK_{it} = \sum_{i=1}^{5} w_i H_{it}$，其中 H_{it} 为地区 i 第 t 年各种教育层次的人口数，w_i 为受教育年限，我们采用马为超（2009）的方法，设 $w_1 = 6$，$w_2 = 3$，$w_3 = 3$、$w_4 = 4$、$w_5 = 3$，$i = 1, 2, 3, 4, 5$，分别代表小学、初中和中专、高中、大学本科、研究生及以上教育类型。同时吸收能力可表示为：$absorb_{it} = HK_{it} \times S_{it}^{flow}$。

5.3.2.4 中国国内各地区研发资本存量（S_{it}^{D}）

S_{it}^{D} 的测算可根据各地区历年研发存量以及过去的研发投入流量采用永续存盘法得到：$S_{it}^{D} = RD_{it} + (1-\delta) S_{i,t-1}^{d}$。其中，$S_{it}^{D}$ 表示地区 i 第 t 年的 R&D 资本存量，RD_{it} 为地区 i 第 t 年的研发投入，δ 为折旧率。

另外各地区投资支出变量 invest 以及各地区政府支出变量 gov 来自各年度中国统计年鉴。同时海归知识溢出变量 S_{it}^{flow}，各数据来自陈怡安等（2013）①。

此外，我们对于模型（5.6）、模型（5.7）中所有指标变量的数据获取均来自历年中国统计年鉴、《新中国五十年统计资料汇编》《中国科技统计年鉴》、联合国教科文组织数据库、OECD 数据库、《中国教育统计年鉴》《中国证券期货统计年鉴》、中宏统计数据库以及《中国金融年鉴》等资料整理得来，具体变量的描述统计结果见表 5.1。

表 5.1 变量的描述统计

变量	样本数	均值	标准差	最小值	最大值
TFP 全要素生产率	1 300	3.759	0.266 6	2.684	4.145
s_ demestic 国内各地区历年研发存量	1 300	11.951	1.646	8.970	18.252
s_ flow 海归回流的研发溢出存量	1 300	7.751	1.319	5.018	10.802
gov 各地区政府支出	1 300	6.343	1.678	4.563	9.082
absorb 人力资本吸收能力	1 300	17.527	1.553	14.530	21.440
invest 各地区投资支出	1 300	9.972	2.917	3.991	12.098
finance 金融市场发展水平	1 300	1.374	2.277	0.846	4.278

注：表 5.1 中变量字母小写代表该变量取对数的形式。

① 陈怡安，杨河清. 海归回流对中国技术进步的影响效应实证［J］. 经济管理. 2013（4）：82-93.

5.4 实证过程与结果分析

5.4.1 门槛效应检验

根据上文所设定的门槛面板模型（5.5）、（5.6）以及借鉴 Hansen（1999）的检验方法，利用 Stata12.0 进行数据处理。首先进行门槛效应检验，具体的检验结果如表 5.2 所示。从表 5.2 可以看出，以区域金融发展水平为门槛变量来检验，无论是全国范围还是分东、中、西部地区，单门槛和双门槛效应都通过了显著性检验，而三门槛效应则没有通过显著性检验①，这充分说明海归回流对技术进步的影响存在基于区域金融发展水平的双门槛效应。

表 5.2 门槛效应检验结果

地区	单/双门槛	*F* 值	*P* 值	1% 显著性 水平	5% 显著性 水平	10% 显著性 水平
全国	单门槛	4.142**	0.031	7.012	3.920	2.387
	双门槛	2.953*	0.079	6.434 7	3.856	2.688
东部	单门槛	9.331***	0.005	6.775	3.732	2.576
	双门槛	6.241**	0.015	7.145	4.226	3.056
中部	单门槛	4.821**	0.026	6.556	3.667	2.484
	双门槛	4.306**	0.036	7.416	3.687	2.486
西部	单门槛	3.906**	0.048	6.256	3.869	2.737
	双门槛	4.508**	0.037	9.307	4.279	3.151

注：①***、**、*分别表示 1%、5%和 10%的显著性水平；② *P* 值和临界值为采用自抽样法模拟 3 000 次后得到的结果。

5.4.2 门槛值估计

在门槛效应检验之后，我们要对门槛值进行估计和检验，表 5.3 列出了全国范围、东部、中部和西部地区以金融发展为门槛变量的门槛值估计结果及其

① 限于篇幅，因三门槛效应没有通过显著性水平检验，故未列出其结果，感兴趣的读者可向作者索要。

95%的置信区间。以全国为例，根据表5.3所示结果可知，门槛1和门槛2的估计值分别为1.284 5和1.889 2，似然比值LR均小于5%显著性水平下的临界值，处于原假设接受域内，表明模型（4.6）的两个门槛值与实际门槛值相等。同理，分别以东部、中部和西部省份为研究对象时，仍然可以得出门槛值与实际估计值相等的结论，各自最终的门槛值均可估计出来。

表5.3　门槛值估计结果及置信区间

地区	门槛值1		门槛值2	
	估计值	95%置信区间	估计值	95%置信区间
全国	1.284 5	[1.142 1，1.641 2]	1.889 2	[1.791 3，1.968 3]
东部	2.032 3	[1.997 4，2.364 2]	2.876 8	[1.667 0，3.119 7]
中部	1.432 2	[1.340 9，1.795 4]	1.912 3	[1.812 9，2.146 7]
西部	1.243 7	[1.146 9，1.696 6]	1.873 4	[1.696 1，1.968 0]

5.4.3　全国样本的参数估计结果

在估计出门槛值后，我们需要对模型（4.6）进行参数估计。考虑到门槛效应对控制变量的敏感性，本研究以全国样本为例，将控制变量逐步纳入估计模型（4.6）中，并利用软件Stata12.0的xtthres命令获得估计结果（见表5.4）。从表5.4中第（1）列至第（5）列的估计结果不难发现，两个门槛变量的估计系数的显著性水平进一步提高，且海归回流的知识溢出效应与金融发展水平交乘项的估计系数均为正，说明我国的金融发展水平对海归回流释放的知识溢出效应具有积极作用，这在一定程度上支持了朱敏等（2012）与李平等（2011）的观点。在此基础上，本研究进一步对全国样本内金融发展水平的两个门槛值的参数进行估计，从表5.4中第（5）列可以发现，当金融发展水平低于最低门槛值1.284 5时，$s_flow_{it}I(finance_{it} \leqslant 1.2845)$所对应的估计系数为−0.014 2，且通过了5%的显著性水平检验；当金融发展水平$s_flow_{it}I(1.2825 \leqslant finance_{it} \leqslant 1.8892)$处于1.284 5和1.889 2之间时，海归知识溢出的回归系数为0.034 2，通过了10%的显著性水平检验；当金融发展水平$s_flow_{it}I(finance_{it} > 1.8892)$跨越第二个门槛值1.889 2以后，海归知识溢出的回归系数为0.012 8，且通过了1%的显著性水平检验。上述结果说明，从全国范围来看，金融发展对海归回流的知识溢出具有显著的门槛效应，并且表现在较强的稳健性，也进一步表明我国海归知识溢出效应在很大程度上取决于各地区金融发展水平。这主要是由于海归回国创新创业势必涉及融资，如果该地区的金融发展水平过低，则难以满足海归创新创业的融资需求，从而抑制了海归创业知识扩散效应的释放。但是，当一地区的金融发展水平提高到一定程度时，即跨越第一门槛值后，海归企业可以很方便地获取融资服务，这将鼓励海归人员提高学习能力以及提升其创建新企业的意愿，增强海归的自主创新能力，进而使释放其知识溢出效应成为可能。

表 5.4 全国范围的双门槛模型参数估计结果

变量	(1)	(2)	(3)	(4)	(5)
$finance_{it}$	-0.615*	-0.714**	-0.628*	-0.921***	-0.642**
	(0.868)	(0.908)	(0.878)	(0.873)	(0.868)
	[0.308]	[0.306]	[0.333]	[0.316]	[0.308]
$s\_flow_{it}I(finance_{it} \leqslant 1.2845)$	-0.009*	-0.011*	-0.012**	-0.013**	-0.0142***
	(8.179)	(9.312)	(9.011)	(9.125)	(8.171)
	[4.513]	[4.557]	[4.658]	[5.013]	[4.317]
$s\_flow_{it}I(1.2825 \leqslant finance_{it} \leqslant 1.8892)$	0.0311*	0.0313**	0.0306**	0.0322**	0.0342***
	(8.161)	(8.211)	(8.717)	(8.917)	(8.566)
	[4.171]	[4.211]	[5.617]	[6.811]	[7.771]
$s\_flow_{it}I(finance_{it} > 1.8892)$	0.0111*	0.0115**	0.0125**	0.0126**	0.0128***
	(2.882)	(2.871)	(2.893)	(2.803)	(2.612)
	[1.361]	[1.321]	[1.331]	[1.131]	[1.267]
s_flow_{it} finance	0.08*	0.067*	0.077*	0.079**	0.082**
	(6.179)	(9.312)	(8.011)	(8.125)	(8.191)
	[4.523]	[4.517]	[4.658]	[5.013]	[5.317]
s_demestic		0.073*	0.083**	0.048**	0.081***
		(0.808)	(0.878)	(0.873)	(0.868)
		[0.506]	[0.533]	[0.516]	[0.508]
gov			0.049*	0.035**	0.041***
			(6.717)	(6.917)	(9.566)
			[4.617]	[5.811]	[8.771]
absorb				0.011**	0.013**
				(0.768)	(0.708)
				[0.608]	[0.606]
invest					0.005**
					(7.303)
					[6.116]

注：圆括号内数值是普通的标准误，方括号内数值是稳健标准误；自抽样次数 3 000 次；*、**与***分别表示在 10%、5%与 1%显著水平下显著，所有推断皆在稳健标准误下进行。

与此同时，笔者在实际调研中进一步了解到，目前金融市场方面尤其是信贷市场方面如银行体系的效率在一定程度上对于海归回流创新创业的开展十分重要。一些因素在一定程度上仍然或多或少影响着海归知识溢出效应的释放。例如，笔者在调研中了解到，目前银行现行贷款抵押条件仍较为落后，很多来北京中关村、望京科技创业园区的中小高新技术海归创业者，他们的住房、家庭等都在国外，不具备银行现行的贷款抵押条件，海归企业家无法与商业银行直接对接，从而影响了海归创办企业的效率。这意味着，如果金融市场机制得以改善，信贷市场效率得以进一步提高，将会加速海归的创新创业，进而促进本土技术进步和经济增长。由此说明，金融发展水平方面的因素如果得到进一步改善将会更好地促进海归创新创业知识溢出效应的释放。

再考察其他控制变量的表现，我们可以发现金融发展水平 $finance_{it}$ 变量的估计系数均显著为负，说明金融发展水平对我国技术进步效应具有显著阻碍作用。本研究认为这正是中国金融发展进程大大滞后于整个经济发展进程的一个真实反映，同时也支持了姚耀军等（2013）的观点。另外本研究发现：国内各地区历年研发存量（*s_demestic*）、各地区政府支出（gov）、吸收能力（absorb）以及各地区投资支出（invest）皆对我国技术进步有显著的正向促进作用，这些结论完全符合经济学理论的预期。

5.4.4 东、中、西部地区的参数估计结果

在对全国样本的双门槛模型参数进行估计后，进一步分东部、中部和西部三个区域单独进行模型估计，门槛变量均为区域金融发展水平。具体估计结果分别见表 5.5 至表 5.7。

从表 5.5 至表 5.7 中分别以东部、中部和西部为样本的参数估计结果可以看出，首先在东部地区，当金融发展水平低于第一个门槛值时，海归知识溢出对各区域技术进步的影响效应为负，但不显著。当金融发展水平位于两个门槛值之间时，海归知识溢出对各区域技术进步的影响 5%的显著性水平下显著为正，但估计系数仅为 0.054 1，说明此时金融发展水平对于海归释放的技术进步效应的促进作用还比较有限。但当金融发展水平变量跨越第二个门槛值时，海归知识溢出对区域技术进步的影响效应存在“加速、跃升”的正效应，其估计系数值上升至 0.061 2。这主要是由于东部多数省市属于我国改革开放的前沿地带，大多具有较强的经济实力和较高的经济发展水平，它们在金融发展水平的多个方面也大多处于优势地位。东部地区的金融发展在金融规模、金融结构和金融效率等方面较中、西部省份的有绝对优势（夏祥谦，2014），因此，当东部区域金融发展水平达到一定程度（跨越第二门槛值）时，海归回

流的知识溢出对区域技术进步存在十分明显的正向促进效应。

表 5.5　东部地区的双门槛模型参数估计结果

变量	系数	Robust 标准差	T 统计量	P 值
$finance_{it}$	−0. 412**	0. 043 1	4. 566	0. 032
$s\_flow_{it}I(finance_{it} \leqslant 2.0323)$	−0. 010 2	0. 073 4	7. 985	0. 105
$s\_flow_{it}I(2.0323 \leqslant finance_{it} \leqslant 2.8768)$	0. 054 1**	0. 023 8	4. 877	0. 022
$s\_flow_{it}I(finance_{it} > 2.8768)$	0. 061 2***	0. 023 1	7. 184	0. 000
s_demestic	0. 004*	0. 023 1	4. 897	0. 098
gov	0. 061***	0. 031 4	4. 438	0. 000
absorb	0. 009**	0. 041 3	7. 749	0. 042
invest	0. 211*	0. 050 1	5. 815	0. 082

注：***、**、*分别表示 1%、5%和 10%的显著性水平。

其次，从中部地区的估计结果来看（见表 5. 6），当金融发展水平未跨越第一门槛值 1. 432 2 时，金融发展对海归回流的技术进步具有负效应，且在10%的显著性水平下显著为负，这主要是由于中部地区其金融发展水平较东部地区而言相对低一些，也就是说，以中部地区为样本区间，当金融发展水平低于第一门槛值 1. 432 2 时，金融发展水平对海归知识溢出效应具有一定抑制作用。对于金融发展水平处于第一门槛值（1. 432 2）与第二门槛值（1. 912 3）之间时，金融发展水平对海归回流的知识溢出效应开始产生促进作用，$s\_flow_{it}I(1.4322 \leqslant finance_{it} \leqslant 1.9123)$ 的估计系数为 0. 032 5。而当中部地区的金融发展水平跨越第二个门槛值 1. 912 3 时，海归知识溢出对该区域技术进步的影响效应进一步上升至 0. 031 1，同时在 1%的显著性水平上显著为正。

表 5.6　中部地区的双门槛模型参数估计结果

变量	系数	Robust 标准差	T 统计量	P 值
$finance_{it}$	−0. 313**	0. 045 5	6. 562	0. 033
$s\_flow_{it}I(finance_{it} \leqslant 1.4322)$	−0. 023 2*	0. 073 4	4. 093	0. 095
$s\_flow_{it}I(1.4322 \leqslant finance_{it} \leqslant 1.9123)$	0. 032 5**	0. 024 1	7. 814	0. 016
$s\_flow_{it}I(finance_{it} > 1.9123)$	0. 031 1***	0. 023 1	10. 174	0. 000
s_ demestic	0. 003 9*	0. 023 1	4. 895	0. 094

表5.6(续)

变量	系数	Robust 标准差	T 统计量	P 值
gov	0.064***	0.031 4	4.437	0.000
absorb	0.007**	0.041 3	7.745	0.045
invest	0.234*	0.050 1	5.814	0.081

注：***、**、* 分别表示 1%、5%和 10%的显著性水平。

最后，从西部地区的估计结果来看（见表 5.7），无论该区域的金融发展水平值是低于第一门槛值 1.243 7 还是处于第一门槛值与第二门槛值之间，西部地区的海归知识溢出对该区域的技术进步影响效应均为负，只有当该区域的金融发展水平跨越第二门槛值 1.873 4 时，海归回流的知识溢出才会对该区域的技术进步效应产生轻微地促进作用，其估计系数仅为-0.0149，这与西部地区金融资源相对匮乏、金融市场相对落后有一定关系。但随着“一带一路”倡议的进一步推进，西部地区的金融发展水平有望进一步得到提升从而带动当地释放更大空间的海归知识溢出效应。

表 5.7　西部地区的双门槛模型参数估计结果

变量	系数	Robust 标准差	T 统计量	P 值
$finance_{it}$	-0.405**	0.053 3	7.56	0.023
$s_{it}\_flow_{it}I(finance_{it} \leqslant 1.243\,7)$	-0.013 2*	0.053 1	4.98	0.091
$s_{it}\_flow_{it}I(1.243\,7 \leqslant finance_{it} \leqslant 1.873\,4)$	-0.025*	0.043 2	4.87	0.021
$s_{it}\_flow_{it}I(finance_{it} > 1.873\,4)$	-0.014 9***	0.025 9	9.11	0.000
$s\_$ demestic	0.004 1*	0.022 8	4.89	0.092
gov	0.056***	0.031 4	8.43	0.000
absorb	0.006**	0.041 9	6.77	0.032
invest	0.212*	0.050 5	4.81	0.072

注：***、**、* 分别表示 1%、5%和 10%的显著性水平。

综合表 5.5 至表 5.7 可以发现，无论是东部地区、中部地区还是西部地区，当金融发展水平低于其第一个门槛值时，海归知识溢出对各区域技术进步的影响都为负。当金融发展水平跨越最低门槛值以后，各省市海归回流对该区域技术进步的影响将随着金融发展水平的提升而逐渐变大，显著性水平也越来越高；当金融发展水平位于两个门槛值之间时，东部、中部海归知识溢出对各区域技术进步的影响都为正，但此时在西部地区海归回流对该区域技术进步的影响效应仍为负，这与西部地区金融资源相对匮乏、金融市场相对落后有一定关系；当金融发展水平跨越第二个门槛值时，东、中、西部地区的海归回流对技术进步的影响效应均为正，尤其是东部地区的海归知识溢出对该区域技术进步的影响存在“加速、跃升”的正效应，原因是东部拥有丰富的金融资源和高效的金融市场，从而有利于海归创业融资，这在一定程度上能加快海归创业知识溢出效应的释放。以上分析表明，在其他因素不变的条件下，中国海归知识溢出效应的大小和方向均存在基于区域金融发展水平的“门槛效应”。

从表 5.6 至表 5.7 所得出的结论进一步说明我国各省市金融发展水平差异较大，经济发展不平衡，对于经济发展较为落后的部分省市而言，由于金融发展水平很低，如果盲目地大量引进各类海外高层次人才最终可能由于本土金融发展水平相对较低，还不能为释放更多的海归知识溢出效应提供必要的金融环境支持，无法实现使海归促进其当地的技术进步。这些金融发展水平较落后的省市更应重视本土人力资本投资，注重当地企业的研发、自主培养人才可能更容易解决知识溢出效应瓶颈。

5.4.5 各省市金融发展水平与门槛值比较

我们进一步计算出各时间段内我国东、中、西部地区的金融发展水平均值以及各省市金融发展水平值，并与三个地区的门槛区间进行对照（见表 5.8）。就东、中、西部三大区域来看，东部地区金融发展水平均值至 2005 年开始已跨越了第一门槛，并且至 2010 年开始已跨越第二临界值，说明东部地区从 2010 年开始海归回流的知识溢出效应开始整体呈现明显的“跃升”态势。具体到东部每个省市而言，发现从 2005 年开始，北京、天津、上海的金融发展水平已越过第二门槛值，海南省的金融发展水平一直徘徊在第一临界值左侧，并且河北省从 2010 年起其金融发展水平出现了倒退，这主要是由于我国不同地区金融发展存在不平衡现象，早已成为国际化大都市的北京，随着经济快速发展，加之政府的大力支持、完善的城市基础设施以及稳定的政治经济环境，已产生了明显的金融集聚效应，从而使其周边地区各种资源严重流失到北京。例如，河北的很多产业被北京吸纳，使得临近北京的河北一直没有受到北京经济集聚效应发挥的辐射作用，因此河北省的金融发展水平从几年前开始不升反降，这也在一定程度上支持了刘军等（2007）的观点，即一地区金融发展在空间、地理上的集聚效应能对海归回流技术进步产生积极的正效应。但随着“京津冀”一体化地不断推进，通过协同发展、产业对接消除北京单方向的虹吸效应，随着其金融发展水平的进一步提高，未来河北的海归知识溢出效应将会有很大的提升空间。

表 5.8　金融发展水平均值及其与门槛值的比较

区域	省份/地区	1995—1999 年	2000—2004 年	2005—2009 年	2010—2013 年
东部地区 [2.032 3，2.876 8]	北京	2.123 2⊙	2.563 4⊙	2.889 3⊕	3.083 2⊕
	天津	2.087 3⊙	2.103 2⊙	2.893 2⊕	2.973 4⊕
	河北	1.763 2	1.898 3	2.126 5⊙	2.043 9⊙
	上海	2.342 3⊙	2.893 2⊕	2.889 2⊕	3.123 4⊕
	山东	1.893 2	2.042 3⊙	2.053 4⊙	2.549 8⊙
	江苏	1.783 2	1.793 2	2.223 4⊙	2.889 0⊕
	福建	1.678 2	1.712 4	1.783 2	2.328 7⊙
	广东	1.982 3	2.012 3	2.112 3⊙	2.892 1⊕
	浙江	2.012 3	2.023 4	2.124 5⊙	2.678 3⊙
	海南	1.672 9	1.702 5	1.934 2	2.023 2
	辽宁	1.782 1	1.793 2	1.901 2	2.453 9⊙
	地区均值	1.920 0	2.023 9	2.298 7	2.898 2
中部地区 [1.432 2，1.912 3]	山西	1.234 5	1.345 6	1.564 3⊙	1.678 4⊙
	内蒙古	1.123 2	1.321 3	1.452 3⊙	1.563 2⊙
	吉林	1.373 4	1.553 2⊙	1.612 3⊙	1.653 2⊙
	黑龙江	1.423 1	1.423 6	1.689 2⊙	1.782 3⊙
	安徽	1.223 1	1.329 1	1.422 1	1.461 7⊙
	江西	1.270 4	1.453 1⊙	1.512 7⊙	1.553 9⊙
	河南	1.320 9	1.421 1	1.481 5⊙	1.582 3⊙
	湖北	1.458 7⊙	1.892 3⊙	2.653 2⊕	2.987 3⊕
	湖南	1.218 9	1.348 2	1.762 3	2.423 1⊕
	广西	1.331 1	1.401 9	1.420 1	1.451 2⊙
	地区均值	1.232 1	1.422 2	1.786 5	1.922 1

表5.8(续)

区域	省份/地区	1995—1999 年	2000—2004 年	2005—2009 年	2010—2013 年
西部地区 [1.243 7, 1.873 4]	四川①	1.214 5	1.657 3⊕	1.783 3⊕	1.982 3⊕
	贵州	1.113 2	1.253 2⊙	1.261 8⊙	1.372 8⊙
	云南	1.012 9	1.157 9	1.211 4	1.272 5⊙
	西藏	1.023 2	1.025 7	1.037 8	1.126 8
	陕西	1.143 6	1.267 7⊙	1.461 1⊙	1.672 2⊙
	甘肃	1.067 4	1.088 6	1.106 1	1.142 4
	青海	1.138 7	1.292 1⊙	1.293 2⊙	1.387 3⊙
	宁夏	1.087 1	1.090 6	1.113 9	1.182 5
	新疆	1.040 5	1.053 7	1.133 1	1.177 1
	地区均值	1.128 7	1.453 2	1.786 3	1.983 2

注：⊙表示落在金融发展水平第一门槛值与第二门槛值95%置信区间之内；⊕表示落在置信区间右侧。

对中部地区而言，其金融发展水平从2005年开始已跨越了海归知识溢出效应由负转正的第一门槛值。同时中部各省市整体上看是每隔五年，其金融发展水平有均提升态势。同时发现湖北省2005年其金融发展水平便已跨越第二门槛值，时隔5年，2010年湖北的金融发展水平已遥遥领先其他中部省份。究其原因主要是湖北作为中部地区的重要省份，中央早已提出把湖北建设成为促进中部崛起的重要战略支点，并且从2008年起，武汉市便开始谋划建设成为上百家金融后台服务中心大本营的“光谷金融港”，并以此为突破口，打造全国性的以金融后台服务、创新研发等功能于一体的区域性现代金融中心。同时，国务院2010年通过的《促进中部地区崛起规划》纲要表明，中部地区尤其是湖北迎来了加速发展的重要战略机遇期。加之武汉作为湖北省经济金融中心和中部地区最大的城市，科技实力雄厚、自然资源富集、产业基础良好，在政策支持上，湖北省和武汉市都对引进金融机构和后台中心给予大企业直通车的便利和保姆式的全程服务。例如，武汉市成立了服务专班，在金融机构注册入住、购房、租房、税收等方面制定了一系列优惠政策，并为金融机构办理登

① 本研究对四川省和重庆直辖市的数据进行了合并处理。

记入驻等各种事项提供“一站式”和“保姆式”服务①。陈怡安等（2013）在测算各省市海归知识溢出效应时发现，湖北省的海归知识溢出效应在全国来说都是名列前茅，其原因可能是多方面的，而本研究进一步从近几年湖北省金融发展水平发展较快的角度给出了一定解释。

从西部地区来看，四川省的金融发展水平与西部其他省份相比较，在过去近二十年里其金融发展水平一直比较好，这与国家西部大开发战略有密切关系，西部大开发战略实施十年，经过这十年的快速发展，四川现已成为西部地区金融机构数量最多、种类最齐全、开放程度最高的省份。根据2012年中国（深圳）综合发展研究院发布的中国金融中心指数和《中国重点城市金融发展水平评估报告》（2012年）的数据可以发现，四川的省会成都市的金融发展水平已经居中西部城市首位②。从前期文献已发现四川省的海归知识溢出效应与其周边省份相比较较高，并认为海归对中国技术进步的影响效应受地区环境影响，金融市场的发达程度等都是海归技术外溢效应的必要条件之一（陈怡安等，2013），本研究得到了进一步地验证：四川省较高的海归知识溢出效应在一定程度上是在其较高的金融发展水平支持下释放的。此外，广西在1995—2009年的金融发展水平一直处于较低水平，而2010年已跨越第一门槛值，这主要得益于国家的“北部湾经济区”战略，目前广西东盟货币区域交易平台已进入实质性运作阶段，并且广西正在以建设南宁区域性国际金融中心为目标，集中打造面向东盟的跨境金融集聚区和北部湾产业金融集聚区，随着北部湾自贸试验区方案的进一步推进，广西的金融发展水平将会有很大提升空间。

根据表5-8可以发现西藏、甘肃、宁夏、新疆等地区的金融发展水平较低，多年来其金融发展水平一直未跨越该地区的第一门槛值，这可能与西部地区经济基础较薄弱、金融市场尚未健全、金融生态支撑不足有一定关系，但目前西部经济正处于经济转型升级的关键阶段，随着“一带一路”倡议的进一步推进，可能会进一步激发更大的金融创新活力。

5.4.6 模型的稳健性分析

本研究将进一步验证区域金融发展水平、海归回流对技术进步影响作用的稳健性。第一，将金融发展水平变量进行替换，分别用存贷款总额占比、股票市场的流动性、资金流向私有部门规模作为金融发展水平的门槛变量对全国及

---

① 佚名．湖北省副省长赵斌：湖北打造区域金融中心得天独厚［EB/OL］．（2009-10-15）［2019-12-25］．http：//news. sina. com. cn/c/2009-10-15/191616444008s. shtml.

② 马川军．成都金融发展水平位居中西部地区第一［EB/OL］．（2013-05-03）［2019-12-25］．http：//www. ceh. com. cn/shpd/2013/05/194774. shtml.

各地区的门槛模型进行重新估计。检验结果显示，无论是前文以非国有企业贷款占 GDP 比重还是存贷款总额占比、股票市场的流动性、资金流向私有部门规模作为门槛变量，全国范围、东、中、西部地区金融发展、海归回流与回流国技术进步三者间的双门槛效应依然存在。第二，将所有的解释变量滞后一期后再纳入模型（张军 等，2005），发现金融发展与海归知识溢出效应的非线性关系依然存在。第三，考虑到 2008 年中国政府的经济刺激政策是否会对本研究的结论产生影响，本研究将 2009 年（考虑政策的时滞性）设定为虚拟变量进行重新估计，发现以 2009 年为虚拟变量时其系数为正，但不显著，其他解释变量的系数和显著性水平仍没有实质性改变，东、中、西部地区检验结果类似。上述验证结果说明金融发展、海归知识溢出效应的双门槛效应是稳健且普遍存在的。

5.5 小结

基于中国 1995—2013 年省级面板数据，本部分深入考察了区域金融发展水平与海归回流对中国技术进步影响效应的关系，发现金融发展水平与海归知识溢出效应之间存在明显的非线性关系和阶段性特征。具体表现为：

第一，海归知识溢出与技术进步的联系显著依赖于各省金融发展水平，只有当金融发展水平越过一定门槛值之后，海归回流才会对本地区产生显著技术进步效应。

第二，当金融发展水平跨越第二个门槛值时，我国东、中、西部地区的海归回流对技术进步的影响效应均为正，尤其东部地区的海归知识溢出对该区域技术进步的影响存在明显的“加速、跃升”正效应，但西部地区海归回流的知识溢出对该区域的技术进步效应产生的促进作用较为有限，这与西部地区金融资源相对匮乏、金融市场相对落后有一定关系。

第三，受到金融发展水平门槛的限制，我国金融发展水平相对低下的省市还不能为释放更多的海归知识溢出效应提供必要的金融环境支持。

基于此，本研究认为海归人才的引进须与区域金融实力和经济发展水平相适应，各地区海归人才的引进并非越多越好，盲目引入过量的海归人才可能适得其反。当区域金融实力较低时，过量的海归人才不能促进地区技术进步；只有当区域金融发展水平提升到或跨越临界门槛值后，海归人才才会对技术进步产生正向促进效应。因此，各地区在引入海归人才时须因地制宜、量体裁衣，尽可能根据区域金融经济发展水平和产业需求而有选择性地、适度地引进海外高层次人才。

6 腐败对海归知识溢出效应的影响

6.1 问题的提出

从现有文献来看，回流国腐败对海归知识溢出的影响是不确定的。多数学者认为腐败在一定程度上对海归创新创业会产生影响，是海归创新创业的“绊脚石”（Mauro，1995；Tanzi，2000；Lei，2000；Mo，2001；Habib et al.，2002；Knack，2007;）。也有学者认为腐败在某种程度上具有一定的“润滑剂”功能（Barreto，2001；Liu，1985；Dreher et al.，2012），即“润滑效应”。如，Barreto（2001）研究发现如果回流国的制度本身存在缺陷，腐败是海归企业家绕过烦琐的行政程序、避开过多管制和不当法律体制的有效手段，从这个角度来说，腐败对海归知识溢出效应有一定的促进作用。上述学者认为在一定程度上腐败相当于“高速货币”，能够加速运转官僚程序，缩短文件在行政办公室滞留的时间，进而提高公共产品和服务供给的效率（Liu，1985）。

我们可以发现，回流国腐败对海归知识溢出的影响尚未得到较为一致的结论，在一定程度上显示出回流国腐败对海归知识溢出的影响存在差异，且这种差异可能因制度约束而呈现出一定的非线性特征。而当前我国各地区腐败究竟给海归知识溢出效应释放带来了何种影响，目前还没有明确的答案。

从理论上来说，生产性活动的投入将提升海归企业绩效水平，进而促进海归回流的知识溢出效应，而非生产性活动对绩效可能形成负面影响，但在中国，这一推论可能无法成立。值得注意的是，腐败与海归知识溢出效应之间究竟存在何种关系需要根据各地区的制度环境进行判断（Aidt，2009）。这是因为对于不同的制度环境下，腐败对海归知识溢出效应影响效果可能并不一致。在东部地区，其良好的制度环境可能使海归企业家借助正式制度的作用获得创新所须的各种资源，此时腐败可能对海归创新不存在有利的影响，而在西部一些地区，相对落后的制度环境使正式制度缺位，这使得海归企业创新面临着巨大的风险，此时企业需要借助腐败的力量获得保证创新所需的各种资源（李后建，2014）。

Borenztein（1998）认为只有当回流国本身的制度水平发展达到一定水平之后，才可能对海归回流所带来的先进技术进行有效的学习、吸纳和模仿，并将这种情况称为海归回流技术进步的“门槛效应”，即只有当某个地区的经济发展达到或超过一定的“门槛”水平时，海归回流才会带来正的知识溢出效应。然而目前尚未发现相关文献从实证角度探讨制度约束下回流国腐败对海归知识溢出效应影响的非线性特征，且以中国海归回流为研究对象进行相关研究的文献尤其鲜见。正是基于以上理论与现实背景，本研究认为考察腐败对海归知识溢出效应的影响颇有必要，可以为政府后续制定适合海归生存发展的制度环境提供相关理论与决策依据，进而在一定程度上加速海归知识溢出效应的释放。

本研究可能在以下三个方面做出了贡献。第一，在研究视角方面，本研究从回流国制度环境入手，将海外人才回流的知识溢出理论与制度环境纳入统一的分析框架，为海外高层次人才回流与回流国技术进步文献提供了一个新视角。本研究更加关注腐败对海归知识溢出效应的作用程度，在理论层面，有助于拓展和丰富“制度环境如何影响创新创业”以及“人力资本跨国流动”这两方面的文献。在实践和政策层面，本研究对于进一步做好吸收和利用海归释放的知识溢出效应推动中国经济增长转型升级具有一定的指导意义。

第二，本研究可能是首篇评估腐败对海归知识溢出效应影响的文献，丰富了对人才跨国流动领域的研究。现有的研究中国海归人才回流的文献，重点讨论了海归回流的现状（魏华颖，2014；陈怡安，2014；王辉耀 等，2013）、海归回流的适应性（王辉耀，2015；王蓉蓉，2012）、海归回流动因（杨河清 等，2013；许琦，2012）、海归回流对中国的技术进步效应的影响（李平 等，2013；杨河清 等，2013；朱敏 等，2012；朱敏 等，2013）。据我们掌握的资料，目前还未有文献评估腐败对海归知识溢出的影响。但正如前文所述，海归人才回国创业已成为中国经济快速发展新动力，同时对处于经济转型期的国家来说，法治环境方面的欠缺会在很大程度上影响一国对海归知识溢出效应的吸收，同时也制约其对海归释放的知识溢出的有效利用，因此，厘清制度环境中腐败对于海归知识溢出效应的影响毫无疑问是理解海归回流对中国经济长期增长的重大问题。

第三，本研究在前期文献的基础上，引入腐败水平的“双刃”性，验证了海归回流对中国技术进步影响效应的非线性关系，通过强调腐败在海归知识溢出效应中的重要影响而扩展了以往的研究。在方法上，现有大多数文献检验门槛效应时都采用了交叉项模型法，虽然该方法可以检验单门槛效应，但无法检验多门槛效应，也无法检验门槛效应的显著性与门槛值的准确性。为克服交叉模型法的缺陷，本研究借助非线性回归技术的门槛回归方法，以区域腐败水平为门槛变量建立面板门槛模型，实证分析腐败水平对海归知识溢出效应的影响，并对门槛效应的显著性及相应门槛值的准确性进行检验。

6.2 理论分析

腐败对海归知识溢出效应的影响主要有以下三个方面：

首先，海归企业家将部分资本用来贿赂官员，导致海归企业的利润或者潜在利润被腐败所剥夺，海归企业家可能会因此控制生产规模（Mo，2001），同时将剩余的储蓄转向地下投资，并且这种方式可能效率较低，甚至在极端情况下，会使海归企业不堪腐败带来的重负，而选择退出（徐静 等，2010）。如，Mo（2001）发现腐败指数和海归投资率之间的反向相关关系，腐败指数提高一个单位，将会导致投资下降约 GDP 的 3%。而更高程度的腐败会增加不确定性水平和交易成本，使其他有市场前景的创新机会难以实现商业化，最终的结果是，海归企业家需要赚取更高的利润来弥补上述风险损失，导致仅有小部分具有吸引力的创新机会得以开发。因此，在理论上，控制腐败在一定程度上可以降低海归企业家开发创新机会所需的最低利润门槛，从而使更多的创新机会实现商业化（李后建，2013）。

其次，腐败会在一定程度上影响海归企业家才能的分配。当腐败现象比较普遍并且被制度化时，非生产性活动的机会多于生产性活动，且经济利益更高，此时有才能和高学历的海归企业家更愿意进行寻租活动而非生产性工作，他们甚至有可能离开私人部门去成为一名腐败官员（Fisman et al.，2012）。邵传林等（2016）的研究表明，高效的法治制度有助于保障海归企业家获取其创业行为和创新行为所带来的全部收益，法治的重要作用在于保障合同能顺利实施，使交易双方均能形成稳定预期；而无效的法治环境不仅会抑制海归发挥企业家精神，还会诱使海归企业家行为从创新创业等生产性活动转向寻租游说政府等非生产性活动。

最后，腐败还会抑制海归企业进行创新活动，延缓将新技术运用于新设备、新生产工艺的进程（Fisman et al.，2002）。由于海归引进回国的新技术、新工艺的运用需要政府批准，所以比起正在使用的旧技术、旧工艺更容易受到腐败官员的要挟，海归企业为了规避腐败的影响，索性按部就班而不思创新（陈刚，2015）。另外，追求创新的海归企业往往面临着不确定性和信息不对称问题，这是因为海归创新型企业的技术、产品应用和服务模式具有前沿性和超前性，市场不易理解，因此海归投资者往往较难把握（Anokhin et al.，2009）。绝大多数海归投资者的价值链在某个阶段都必须涉及官方授权，因此，腐败必然会增加海归企业家所承担的不确定性和模糊性水平（李后建，2013）。

从上述文献可以看出，腐败在一定程度上可看作是对海归创业征收的税收，腐败程度越高，海归回流创新创业承担的投资成本就越高。因此，投资者往往选择腐败程度较低的省份，换言之，回流国的腐败在一定程度上阻碍了海归回流的动机。例如，Rock 等（2004）研究发现，腐败对 FDI 流入有非常强的负效应：腐败指数提高一个单位，FDI 流入就减少 28.3%。俄罗斯就是其中一个非常突出的例子，其腐败程度每上升一个单位会导致从新加坡流入俄罗斯的 FDI 减少 65%，这相当于提高了 32%的企业所得税。那么技术人员的跨国界流动作为最新的知识溢出渠道，中国海归回流的知识溢出效应是否受国内腐败程度的影响？其影响程度如何？目前对这方面的研究鲜有探讨。

此外，也有学者认为腐败在某种程度上促进了投资，充当了“润滑剂”的作用（Dreher et al.，2012）。尤其是对发展中国家和转型国家，由于制度缺陷导致政府机构的低效、无能和管理不当，如果不向官员行贿的话，一些经济活动难以进行或者成本极高，腐败反而为这些活动的进行提供了可能性（徐静 等，2010）。因此，腐败在一定程度上是僵化管理所必需的润滑剂，能起到减少制度摩擦、提高制度运行效率的作用。同时，当存在一系列不可避免的、由政府干预导致的扭曲时，虽然腐败并不能从根本上消除这些扭曲，但它可能使个人避开这种干预，进而提高资源配置的效率。理论上，腐败主要通过如下两个渠道提高资源配置效率：

一方面，如果回流国的制度本身存在缺陷，腐败是海归企业家绕过烦琐的行政程序、避开过多管制和不当法律体制的有效手段，从这个角度来说，腐败对海归回流技术进步有一定的促进作用（Barreto，2001）。上述学者认为腐败相当于“高速货币”，能够加速运转官僚程序，缩短文件在行政办公室滞留的时间，进而提高公共产品和服务供给的效率（Liu，1985）。另一方面，腐败能够引入竞争，使稀缺的政府资源配置更有效率。腐败官员可以进行一种有效率的拍卖，让企业以公开叫价的方式展开竞争，最终将合同给予支付最多贿赂的企业。在这样的一个腐败博弈中，官员和企业可以相互协商以寻求最有效率的结果，虽然生产者将剩余落入腐败官员的口袋而影响政府收入，但是这并不影响分配效率。由此可以看出腐败是官员和企业分配财富的一种便捷、有效的方式。

从前期文献可以看出，关于腐败与海归知识溢出关系存在“正向”“负向”两种结论。那么海归回流作为最新的知识溢出渠道，其知识溢出效应是否受回流国腐败程度的影响，即腐败对于各区域海归知识溢出效应的影响究竟是“润滑效应”还是“摩擦效应”？由于前期文献没有获得较为一致的结论，同时显示回流国腐败对海归知识溢出的影响存在一定的差异（Zurawicki et al., 2010）。事实上，这种差异会因制度约束而表现出非线性的“门槛”特征。同时 Borenztein（1998）认为只有当回流国本身的制度水平发展到一定水平之后，才可能对海归回流所带来的先进技术进行有效的学习、吸纳和模仿，并将这种情况称为海归回流技术进步的“门槛效应”，即只有当某个地区的经济发展达到或超过一定的“门槛”水平时，海归回流才会带来正的知识溢出效应。更进一步的，由于回流国的制度特征是影响海归知识溢出效应的主要因素，它包括腐败程度、知识产权保护、政府管制等（陈怡安，2015）。在一定程度上，这些因素构成了海归知识溢出效应的“门槛”。那么腐败水平对海归知识溢出效应的影响是否可能存在“门槛突变点”，即表现出非线性动态变化？目前对这方面的研究尚较浅显。因此，本研究将对此问题展开深入研究，建立基于中国各省市腐败水平对海归知识溢出效应影响的门槛面板模型，并利用 1995—2015 年中国各省面板数据实证检验各省腐败水平与海归知识溢出效应关系。

6.3 模型设定与数据

6.3.1 基本事实

本研究利用 2013 年《中国检察年鉴》《中国统计年鉴—2013》中“每千名公职人员的贪污贿赂立案数”来衡量各省市的腐败程度①，利用联合国教科文组织数据库、国家留学基金管理委员会中各省市 2013 年每万人海归回流人数数据，描绘了 2013 年各省市腐败程度与海归回流的关系图，如图 6.1 所示。

① 本研究借鉴了陈刚（2008）、李后建（2013）、李宏彬（2009）的思路。

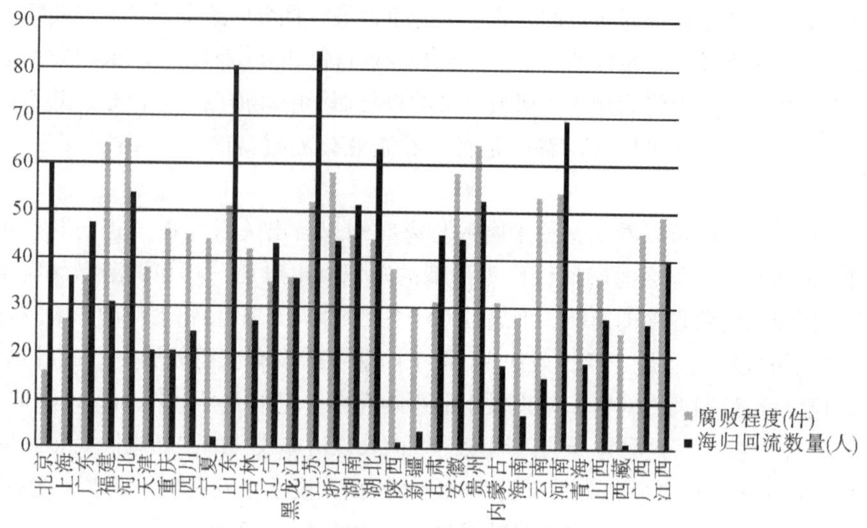

图 6.1 2013 年腐败程度与海归回流关系

从图 6.1 可以发现，以 2013 年为例，中国腐败程度与海归回流人数之间并没有明显的相关性。如腐败水平较低的北京、上海等城市，其海归回流人数的确较多，这是由于理论上，经济越发达的地区，其产权保护程度和合同履行程度好，腐败的空间就会相应变少，那么海归回流人数也应较多。但一些经济水平中等偏上的省份，如江苏、湖北、山东、河南等，由于制度落后于经济增长，尚没有建立有效的约束机制，有市场化提供的腐败机会，因此，腐败水平相对较高，但这些省份的海归回流人数也同样较高。上述情况或许可以说明腐败与海归回流之间存在非线性的关系，当然 2012 年后反腐力度的加强可能对此结果有一定影响，对于腐败与海归知识溢出效应是否真的存在非线性的关系还需要通过计量检验做出判断。因此，本研究将进一步设定计量模型进行深入探讨。

6.3.2 模型设定

本研究借鉴 Coe 等（1995）的知识溢出计量模型，对于一个开放经济体来说，全要素生产率会随着本国知识资本的增加和国外知识溢出的增加而提高。因此，区域全要素生产率应是包含这些因素的一个函数，即基本模型为

$$\mathrm{TFP}_{it} = f(\ln S_{it}^{d},\ S_{it}^{f}) \tag{6.1}$$

其中 TFP_{it} 是地区 i 第 t 年的全要素生产率；S_{it}^{d} 与 S_{it}^{f} 分别为地区 i 第 t 年的国内研发存量与国外的研发存量，国外研发存量主要通过技术扩散三大路径：

进出口贸易、FDI 以及国外的专利申请进行知识溢出（Grossman et al.，1995）。因此在此模型的基础上，本研究引入海归的知识溢出项，假定 S_{it}^{f} 包括海归在内的各个渠道的研发存量，且本研究重点关注海归这一渠道的知识溢出效应与腐败的关系，故将其他三大渠道的知识溢出效应以及国内研发溢出存量纳入控制变量 X_{it} 中，得到

$$\mathrm{TFP}_{it} = f(S_{it}^{\mathrm{flow}},\ X_{it}) \tag{6.2}$$

更进一步地，通过前文分析发现理论上腐败对海归知识溢出效应具有重要影响，因此，本研究构建的基础模型为：

$$\mathrm{TFP}_{it} = f(\mathrm{Corruption}_{it},\ S_{it}^{\mathrm{flow}},\ X_{it}) \tag{6.3}$$

其中 S_{it}^{flow} 与 $\mathrm{Corruption}_{it}$ 分别为地区 i 第 t 年的海归知识溢出效应与腐败水平，由于本研究主要考察我国腐败水平对海归知识溢出的影响，因此，将其他影响海归知识溢出效应的因素纳入控制变量 X_{it} 中。并且各地区人力资本的吸收能力也在一定程度上影响海归回流的知识溢出效应，知识与先进技术的扩散依赖于地区的“吸收能力”（Savvides et al.，2005）。同时，研发投入是科技创新的前提和基础，研发资本存量在很大程度上可以代表一个国家和地区技术进步的能力（李平 等，2011）。因此，将吸收能力 absorb_{it} 以及中国国内各地区研发资本存量 S_{it}^{D} 纳入控制变量 X_{it}，并且王永齐（2006）的研究表明国内投资 invest_{it}，政府支出 gov_{it} 也会在一定程度上影响知识溢出与经济增长，因此将上述两个变量也纳入控制变量 X_{it} 中。

为考察腐败是否对我国海归回流的知识溢出效应产生影响，本研究用腐败指标与海归知识溢出效应变量的交叉项 $\ln S_{it}^{\mathrm{flow}} \times \mathrm{Corruption}_{it}$ 表示，则（6.3）式扩展为

$$\mathrm{TFP}_{it} = f(\mathrm{Corruption}_{it},\ S_{it}^{\mathrm{flow}},\ \ln S_{it}^{\mathrm{flow}} \times \mathrm{Corruption}_{it},\ X_{it}) \tag{6.4}$$

将（6.4）转化为对数线性函数形式得到：

$$\ln\mathrm{TFP}_{it} = \beta_1 \ln S_{it}^{\mathrm{flow}} \times \ln\mathrm{Corruption}_{it} + \beta_2 \ln\mathrm{Corruption}_{it} + \beta_3 \ln S_{it}^{\mathrm{flow}} + \beta_4 \ln X_{it} + \mu_i + \varepsilon_{it} \tag{6.5}$$

其中，解释变量 $\mathrm{Corruption}_{it}$ 为衡量 i 省第 t 年的腐败水平指标，μ_i 为各省市的固定效应，ε_{it} 为随机误差项。

方程（6.5）认为海归知识溢出对技术进步的影响效应是不确定的，主要受人力资本水平、腐败水平、政府支出、国内投资等方面的影响（Eaton et al.，1996）。前期文献认为回流国腐败对海归知识溢出的影响存在一定的差异（Zurawicki et al.，2010）。而事实上，这种差异会因制度约束而表现出非线性的“门槛”特征。同时 Borenztein（1998）认为只有当回流国本身的制度水平

发展达到一定程度之后，才可能对海归回流所带来的先进技术进行有效学习、吸纳和模仿，并将这种情况称为海归回流技术进步的“门槛效应”，即只有当某个地区的经济发展达到或超过一定的“门槛”水平时，海归回流才会带来正的知识外溢效应。

在此基础上，本研究更进一步的利用 Hansen（1999）门槛面板模型验证腐败海归知识溢出效应是否存在非线性关系，即区域腐败水平是否为影响海归知识溢出效应差异的门槛因素？同时，在前期文献李平等（2011）以及陈怡安（2014）的基础上，本研究首先假设存在单门槛效应进而建立单门槛模型（6.6），然后将其扩展到双门槛模型（6.7）甚至多门槛模型。具体模型如下：

$$\ln TFP_{it} = \alpha_1 \ln S_{it}^{flow} \times I(F_{it} \leqslant \gamma_1) + \alpha_2 \ln S_{it}^{flow} \times I(F_{it} > \gamma_1) + \alpha_3 \ln X_{it} + \mu_i + \varepsilon_{it} \tag{6.6}$$

$$\begin{aligned} \ln TFP_{it} = & \beta_1 \ln S_{it}^{flow} \times I(F_{it} \leqslant \gamma_1) + \beta_2 \ln S_{it}^{flow} \times I(\gamma_1 \leqslant F_{it} \leqslant \gamma_2) \\ & + \beta_3 \ln S_{it}^{flow} \times I(F_{it} > \gamma_2) + \beta_4 \ln X_{it} + \mu_i + \varepsilon_{it} \end{aligned} \tag{6.7}$$

其中，腐败水平 F_{it} 为门槛变量，γ_1，γ_2 为待估计门槛值，且 $\gamma_1 < \gamma_2$，$I(\cdot)$ 为示性函数。$\ln X_{it}$ 表示显著影响被解释变量的其他控制变量，γ 表示特定变量的门槛值。当 $F_{it} \leqslant \gamma_1$、$\gamma_1 \leqslant F_{it} \leqslant \gamma_2$、$F_{it} > \gamma_2$ 时，门槛变量 α_1、β_1、α_2、β_2 以及 α_3、β_3 为对被解释变量的影响系数或弹性关系。μ_i 为表示不随时间变化的各省截面的个体差异，即模型为个体固定效应模型。ε_{it} 为随机扰动项。

6.3.3 变量选取

6.3.3.1 TFP 增长率（TFP_{it}）

单豪杰（2008）估算了 1952—2006 年中国各省的实际资本数据，并随后将其更新至 2013 年。本研究基于该数据计算了人均实际资本增长率指标值，然后再利用公式“TFP 增长率=人均实际 GDP 增长率-1/3×人均实际资本增长率”（阿齐兹，2002）计算了 TFP 增长率的指标值。

6.3.3.2 腐败水平（$corruption_{it}$）

前期学者 Fisman 等（2002）采用被判罚滥用职权的公务员数量作为度量美国各州的腐败程度并获得了令人满意的结果，指出公务员滥用职权的犯罪率是度量真实腐败水平的一个合理指标。因此，本研究借鉴 Fisman 等（2002）的方式，以人民检察院每年立案侦查贪污贿赂、渎职案件数与公职人员数之比（CASES，件/千人）作为指标来度量中国的腐败程度，其原始数据来源于相应年份《中国检查年鉴》中各地区人民检察院的年度工作报告①。

6.3.3.3 吸收能力（$absorb_{it}$）

本研究用HK_{it}表示地区i第t年的人力资本存量，采用中国国内各学历层次的人力资本存量来构造中国总体的人力资本存量指标，计算公式为：$HK_{it}=\sum_{i=1}^{5}w_iH_{it}$，其中$H_{it}$为地区$i$第$t$年各种教育层次的人口数，$w_i$为受教育年限，我们采用马为超（2009）的方法，设$w_1=6$、$w_2=3$、$w_3=3$、$w_4=4$、$w_5=3$，$i=1, 2, 3, 4, 5$，分别代表小学、初中和中专、高中、大学本科、研究生及以上教育类型。同时吸收能力可表示为：$absorb_{it}=HK_{it}\times S_{it}^{flow}$。

6.3.3.4 中国国内各地区研发资本存量（S_{it}^{D}）

S_{it}^{D}的测算根据各地区历年研发存量以及过去的研发投入流量通过永续存盘法得到：$S_{it}^{D}=RD_{it}+(1-\delta)S_{i,t-1}^{d}$。其中，$S_{it}^{D}$表示地区$i$第$t$年的R&D资本存量，$RD_{it}$为地区$i$第$t$年的研发投入，$\delta$为折旧率。

6.3.3.5 海归回流研发溢出变量（S_{it}^{flow}）

借鉴Lichtenberg等（1996）测度进口贸易溢出量的方法，对1995年至2015年间中国海外留学生较集中的澳大利亚、德国、英国、日本、法国、加拿大、美国、意大利进行计算，最终得出海归回流在中国的研发溢出存量为

$$S_{t}^{flow}=\sum_{j=1}^{8}\frac{S_{jt}^{d}}{GJ_{jt}}\times R_{jt}^{flow}$$

公式中的S_{jt}^{d}和GJ_{jt}分别表示j国在t年内的国内研发存量和j国高校在第t年时的在校人数。值得注意的是公式中的R_{jt}^{flow}表示第t年从j国学成返国的留学生人数，用公式表示如下：

$$R_{jt}^{flow}=I_{j,t-1}^{flow}+NI_{jt}^{flow}-HR_{j,t}^{flow}$$

在林琳（2009）研究成果的基础上，本研究将海归规模数量化成学成归国的人数。因此上式中的计算原理是利用第$t-1$年在j国的中国留学生人数（$I_{j,t-1}^{flow}$）与t年时新输入j国的中国留学生（$HR_{j,t}^{flow}$）的总和，减去第t年j国的中国留学生人数（$HR_{j,t}^{flow}$），从而得到第t年从j国学成返国的留学人数（R_{jt}^{flow}），推算过程中所需要的数据，采用教育部国家留学基金委的相关统计。

同时由于j国的人均研发能力会对海归知识溢出有所影响，所以我们用

---

① 由于一些省份人民检察院年度工作报告在个别年份中只公布了贪污受贿渎职案立案数或涉案人数中的一个，因此，本研究借鉴陈刚等（2008）的思路，假定该省市案均涉案人数在样本区内是固定的，并以此推算出这些缺省数据。

S_{jt}^{d}/GJ_{jt} 来表示 j 国受教育的人力资本在第 t 年的人均研发存量。然后依据从 j 国学成海归人员的研发存量是与 j 国受教育人员的人均研发能力成正相关的，最终得出了海归与中国技术进步的知识溢出存量的关系。

另外，留学人员之所以在学有所成后选择回归，主要是受中国经济增长、贸易和实际使用 FDI 、教育经费投入总额、科技经费投入、在校生数等指标的吸引，为便于统计，我们将这 5 个指标的引力之和称为海归引力综合权数，用公式表示为：

$$\text{index}_{it} = a_1 x_{it} + a_2 x_{gy} + a_3 x_{ie} + a_4 x_{ky} + a_5 x_{gdp}$$

其中，$index_{it}$ 表示各地区历年的海归引力综合权数，x_{it}、x_{gy}、x_{ie}、x_{ky}、x_{gdp} 分别表示历年各地区高校在校生人数占全国高校在校生人数的比重，各地区教育经费投入占全国教育经费的比重，各地贸易和实际使用 FDI 总额占全国贸易和实际使用 FDI 总额的比重，地区科技经费投入占全国科研经费投入的比重以及地区 GDP 占全国 GDP 总额的比重。本章以历年各地区海归引力综合权数 $index_{it}$ 作为权重，用历年海归人员对中国的研发溢出存量与该权重的乘积来衡量历年海归在各地区的研发溢出存量，即：

$$S_{it}^{\text{flow}} = \left(\sum_{j=1}^{8} \frac{S_{jt}^{d}}{\text{GJ}_{jt}} \times R_{jt}^{flow}\right) \times \text{index}_{it}$$

另外，各地区投资支出变量 invest 以及各地区政府支出变量 gov 来自各年度的中国统计年鉴。

并且对于模型（6.4）、（6.5）、（6.6）中所有指标变量的数据获取均来自历年中国统计年鉴、《新中国五十年统计资料汇编》《中国科技统计年鉴》、联合国教科文组织数据库、OECD 数据库、《中国教育统计年鉴》国家留学基金管理委员会以及《中国检察年鉴》中各地区人民检察院的年度工作报告、中宏统计数据库等整理得来，具体变量的描述统计结果见表 6.1。

表 6.1 变量的描述统计

变量	样本数	均值	标准差	最小值	最大值
TFP 全要素生产率	1 300	3.759	0.266 6	2.684	4.145
s_demestic 国内各地区历年研发存量	1 300	11.951	1.646	8.970	18.252
S^{flow} 海归回流的研发溢出存量	1 300	7.751	1.319	5.018	10.802
gov 各地区政府支出	1 300	6.343	1.678	4.563	9.082

表6.1(续)

变量	样本数	均值	标准差	最小值	最大值
absorb 人力资本吸收能力	1 300	17.527	1.553	14.530	21.440
invest 各地区投资支出	1 300	9.972	2.917	3.991	12.098
corruption 腐败水平	1 300	20.144	3.271	17.843	24.177

注：表中变量字母小写代表该变量取对数的形式。

6.4 实证过程与结果分析

6.4.1 门槛效应检验

根据上文所设定的门槛面板模型（6.6）、（6.7）以及借鉴 Hansen（1999）的检验方法，利用 Stata12.0 进行数据处理。首先进行门槛效应检验，具体的检验结果如表 6.2 所示。从表 6.2 可以看出，以区域腐败程度为门槛变量来检验，无论是全国范围还是分东、中、西部地区，单门槛和双门槛效应都通过了显著性检验，而三门槛效应则没有通过显著性检验①，这充分说明海归知识溢出对技术进步的影响存在基于区域腐败程度的双门槛效应。

表 6.2 门槛效应检验结果

地区	单/双门槛	*F* 值	*P* 值	1% 显著性 水平	5% 显著性 水平	10% 显著性 水平
全国	单门槛	4.242**	0.001	7.712	3.421	2.487
	双门槛	2.853*	0.069	6.434	3.659	2.986
东部	单门槛	9.33***	0.005	6.721	3.621	2.534
	双门槛	6.281**	0.013	7.112	4.248	3.043
中部	单门槛	4.463**	0.021	6.842	3.661	2.532
	双门槛	4 401**	0.024	7.422	3.633	2.436

① 限于篇幅，因三门槛效应没有通过显著性水平检验，故其结果未列出，感兴趣的读者可向作者索要。

表5.2(续)

地区	单/双门槛	F 值	P 值	1% 显著性 水平	5% 显著性 水平	10% 显著性 水平
西部	单门槛	3.701**	0.041	6.252	3.862	2.631
	双门槛	4.505**	0.033	9.303	4.277	3.155

注：① ***、**、* 分别表示 1%、5%和 10%的显著性水平；② P 值和临界值为采用自抽样法模拟 3 000 次后得到的结果。

6.4.2 门槛值估计

完成门槛效应检验之后，需对门槛值进行估计和检验，表 6.3 列出了全国范围、东部、中部和西部地区以腐败水平为门槛变量的门槛值估计结果及其 95%的置信区间。以全国为例，根据表 6.3 所示的结果可知，门槛 1 和门槛 2 的估计值分别为 21.284 和 23.889，似然比值 LR 均小于 5%显著性水平下的临界值，处于原假设接受域内，表明模型（6.7）的两个门槛值与实际门槛值相等。同理，分别以东部、中部和西部省份为研究对象时，仍然可以得出门槛值与实际估计值相等的结论，各自最终的门槛值均可估计出来。

表 6.3 门槛值估计结果及置信区间

地区	门槛值 1		门槛值 2	
	估计值	95%置信区间	估计值	95%置信区间
全国	21.284	[1.142 3，1.641 2]	23.889	[1.791 3，1.968 2]
东部	19.032	[1.997 2，2.564 2]	22.876	[1.367 4，3.410 7]
中部	20.432	[1.345 1，1.795 6]	21.912	[1.812 3，2.146 6]
西部	21.243	[1.246 9，1.796 1]	23.873	[1.696 5，1.968 5]

6.4.3 全国样本的参数估计结果

估计出门槛值后则需要对门槛（6.7）模型进行参数估计。考虑到门槛效应对控制变量的敏感性，本研究以全国样本为例，将控制变量逐步纳入估计模型（6.7）中。并利用软件 Stata12.0 的 xthreg 命令获得估计结果（见表 6.4）。从表 6.4 中第（1）列至第（5）列的估计结果不难发现，两个门槛变量的估计系数显著性水平进一步提高，且海归回流的知识溢出效应与腐败水平交乘项的估计系数均为负，说明我国腐败水平在一定程度上对海归回流释放的知识溢出效应具有抑制作用。

表 6.4 全国范围的双门槛模型参数估计结果

变量	(1)	(2)	(3)	(4)	(5)
$corruption_{it}$	-0.615*	-0.714**	-0.628*	-0.921***	-0.642**
	(0.868)	(0.908)	(0.878)	(0.873)	(0.868)
	[0.308]	[0.306]	[0.333]	[0.316]	[0.308]
$S_{it}^{flow}I(corruption_{it} \leqslant 21.284)$	0.055 9*	0.061*	0.052**	0.053 3**	0.064***
	(8.179)	(9.312)	(9.011)	(9.125)	(8.171)
	[4.513]	[4.557]	[4.658]	[5.013]	[4.317]
$S_{it}^{flow}I(21.284 \leqslant corruption_{it} \leqslant 23.889)$	-0.041 1*	-0.041 3**	-0.040 6**	-0.042 2**	-0.014***
	(8.161)	(8.211)	(8.717)	(8.917)	(8.566)
	[4.171]	[4.211]	[5.617]	[6.811]	[7.771]
$S_{it}^{flow}I(corruption_{it} > 23.889)$	-0.021*	-0.023**	-0.025**	-0.022**	-0.032***
	(2.882)	(2.871)	(2.893)	(2.803)	(2.612)
	[1.361]	[1.321]	[1.331]	[1.131]	[1.267]
s_ corruption	-0.071*	-0.061*	-0.074*	-0.072**	-0.075***
	(5.123)	(7.23)	(8.056)	(8.43)	(8.12)
	[4.53]	[4.57]	[4.68]	[5. 13]	[5.77]
s_ demestic		0.073*	0.083**	0.048**	0.081***
		(0.808)	(0.878)	(0.873)	(0.868)
		[0.506]	[0.533]	[0.516]	[0.508]
gov			0.044*	0.032**	0.046***
			(6.717)	(6.917)	(9.566)
			[4.617]	[5.811]	[8.771]
absorb				0.016**	0.018**
				(0.768)	(0.708)
				[0.608]	[0.606]
invest					0.005**
					(7.303)
					[6.116]

注：圆括号内数值是普通的标准误，方括号内数值是稳健标准误；自抽样次数 3 000 次；*、**与***分别表示在 10%、5%与 1%显著水平下显著，所有推断皆在稳健标准误下进行。

在此基础上，本研究进一步对全国样本内腐败水平的两个门槛值的参数进行估计，从表 6.4 中第（5）列可以发现，当腐败水平低于最低门槛值 21.284 时，$S_{it}^{flow}I(corruption_{it} \leqslant 21.284)$ 所对应的估计系数符号为正，估计系数为 0.064，且通过了 5%的显著性水平检验；当腐败水平 $S_{it}^{flow}I(21.284 \leqslant corruption_{it} \leqslant 23.889)$ 处于 21.284 和 23.889 之间时，其所对应的估计系数符号同样为负，海归知识溢出的回归系数为-0.014，通过了10%的显著性水平检验；当腐败水平$S_{it}^{flow}I(corruption_{it} > 23.889)$跨越第二个门槛值23.889以后，海归知识溢出的回归系数下降为-0.032，且通过了1%的显著性水平检验。上述结果说明，从全国范围来看，当腐败水平跨过第一门槛值时，腐败对海归知识溢出效应具有“摩擦效应”；而低于第一门槛时，腐败程度对中国海归知识溢出具有明显的“润滑效应”，这与回流国较低的法治水平会在一定程度上强化中国海归企业家参与腐败行为的动机有关（Méndez et al.，2006）。

同时可以看出腐败对海归回流的知识溢出效应具有显著的门槛效应，且稳健性较强。表明我国海归知识溢出效应在很大程度上取决于各地区腐败程度。当腐败水平低于第一门槛时，腐败程度对中国海归知识溢出具有明显的“润滑效应”，这是由于在大多数情况下，如果地区腐败程度较低，海归企业家可能绕过烦琐的行政程序、避开过多管制和不当法律体制的有效手段，此时腐败对海归知识溢出效应释放有一定的促进作用。这在一定程度上印证了Liu（1985）的观点，认为当腐败程度较低时，腐败相当于“高速货币”，能够加速运转官僚程序，缩短文件在行政办公室滞留的时间，进而提高公共产品和服务供给的效率。但是，当一地区的腐败程度上升到一定程度（跨越第一门槛）后，腐败对海归知识溢出效应具有“摩擦效应”，其原因主要是较高腐败租金的存在将激励海归企业家更多地脱离生产性活动而从事腐败活动从而抑制其知识溢出效应的释放（Murphy et al.，1993）。

再考察其他控制变量的表现，腐败水平$corruption_{it}$变量的估计系数均显著为负，说明腐败对我国技术进步效应具有显著的阻碍作用，而本研究认为这正是腐败改革进程大大滞后于整个经济发展进程的一个真实反映，同时也支持了姚耀军（2013）的观点。另外本研究发现：国内各地区历年研发存量（s_demestic）、各地区政府支出（gov）、吸收能力（absorb）以及各地区投资支出（invest）皆对我国技术进步的影响有显著的正向促进作用，这些结论完全符合经济学理论的预期。

6.4.4 东、中、西部地区的参数估计结果

在对全国样本的双门槛模型参数进行估计后，进一步分东部、中部和西部三个区域分别进行估计，门槛变量均为区域腐败水平。具体估计结果分别见表6.5至表6.7。从表6.5以东部为样本的参数估计结果可以看出，在东部地区，当腐败水平低于第一个门槛值时，海归知识溢出对各区域技术进步的影响效应显著为正，估计系数约为0.05。当腐败水平位于两个门槛值之间时，海归知

识溢出对各区域技术进步的影响5%的显著性水平下显著为正，但估计系数仅为0. 024 1，说明此时腐败水平对于海归释放的技术进步效应的促进作用还比较有限。但当腐败水平变量跨越第二个门槛值时，海归知识溢出对区域技术进步的影响效应出现急剧“下降”态势，其估计系数值降至0. 011 2。这主要是由于当腐败程度较高时，法律的不健全和对政府的弱约束导致了政府权力过大、对市场干预度过强，营商管制复杂性更高。在这样的法律环境下，海归企业家经营风险更高，不确定性更大，海归企业家不仅得不到有效的产权保护和公正的社会待遇，反而会时常遭受来自政府及其相关部门的“歧视”和“掠夺”，从而在一定程度上抑制了海归回流释放的知识溢出效应（Fisman et al., 2012）。

表6.5 东部地区的双门槛模型参数估计结果

变量	系数	Robust 标准差	T 统计量	P值
corruption_{it}	-0. 412**	0. 043 4	4. 561	0. 034
$S_{it}^{\text{flow}} I(\text{corruption}_{it} \leqslant 19.032)$	0. 050 2*	0. 073 1	7. 934	0. 102
$S_{it}^{\text{flow}} I(19.032 \leqslant \text{corruption}_{it} \leqslant 22.876)$	0. 024 1**	0. 023 1	4. 874	0. 022
$S_{it}^{\text{flow}} I(\text{corruption}_{it} > 22.876)$	0. 011 2***	0. 021 3	7. 188	0. 000
s_demestic	0. 004*	0. 043 8	4. 897	0. 095
gov	0. 061***	0. 031 2	4. 431	0. 000
absorb	0. 009**	0. 031 1	7. 743	0. 041
invest	0. 211*	0. 050 2	5. 811	0. 081

注：***、**、*分别表示1%、5%和10%的显著性水平。

表6. 6是对中部地区的估计结果，发现当腐败水平低于第一门槛值20. 432时，腐败水平对海归回流的知识溢出效应具有正效应，其估计系数为0. 073 2，这和东部地区比较来看，影响程度相对大一些。这主要是由于中部地区制度落后于增长，中部多数省份尚没有建立起有效的约束机制，有市场化提供的腐败机会，而腐败是海归企业家绕过烦琐的行政程序、避开过多管制和不当法律体制的有效手段，因此可以看出，中部地区较低的腐败同样对海归知识溢出效应具有“润滑效应”。当腐败水平处于第一门槛值20. 432与第二门槛值21. 912之间时，腐败对海归回流的知识溢出的“润滑”效应逐渐减弱，其估计系数为0. 012 5。而当该地区腐败水平跨越第二个门槛值21. 912时，腐败对于海归

知识溢出效应出现明显的“摩擦效应”，其估计系数下降至-0.021，在1%的显著性水平上显著为负。

表6.6 中部地区的双门槛模型参数估计结果

变量	系数	Robust 标准差	T统计量	P值
corruption_{it}	-0.313**	0.045 5	6.562	0.033
$S_{it}^{\text{flow}}I(\text{corruption}_{it} \leqslant 20.432)$	0.073 2*	0.063 4	4.023	0.065
$S_{it}^{\text{flow}}I(20.432 \leqslant \text{corruption}_{it} \leqslant 21.912)$	0.012 5**	0.024 5	7.843	0.013
$S_{it}^{\text{flow}}I(\text{corruption}_{it} > 21.912)$	-0.021***	0.023 6	10.173	0.004
s_ demestic	0.003 9*	0.023 5	4.831	0.091
gov	0.064***	0.031 3	4.412	0.000
absorb	0.007**	0.041 1	7.744	0.041
invest	0.234*	0.050 3	5.812	0.083

注：***、**、*分别表示1%、5%和10%的显著性水平。

同样，从表6.7西部地区的估计结果来看，只有当该区域的腐败水平值低于第一门槛值21.243时，该地区的海归知识溢出对该区域的技术进步影响效应才为正，其估计系数为0.876。而当腐败水平处于第一门槛值21.243与第二门槛值23.873以及跨越第二门槛值23.873时，海归回流的知识溢出才会对该区域的技术进步效应均为负。这是由于在腐败较为严重的地区，海归企业家在一定程度上会将部分资本用来贿赂官员，使海归企业的利润或者潜在利润被腐败所剥夺，海归企业家可能会控制生产规模（Mo，2001），并将剩余的储蓄转向地下投资，并且这种方式可能效率较低，甚至在极端情况下，会使海归企业不堪腐败带来的重负，选择退出（徐静 等，2010），这在一定程度上印证了Mo（2001）的观点。但随着西部地区经济发展水平的不断提高，制度日趋完善，市场体系日趋有效，腐败程度的进一步降低有望带动当地海归企业家创新创业释放更大空间的知识溢出效应。

表 6.7　西部地区的双门槛模型参数估计结果

变量	系数	Robust 标准差	T 统计量	P 值
$corruption_{it}$	-0.405**	0.053 1	7.53	0.021
$S_{it}^{flow} I(corruption_{it} \leqslant 21.243)$	0.876*	0.053 2	4.95	0.092
$S_{it}^{flow} I(21.243 \leqslant corruption_{it} \leqslant 23.873)$	-0.025*	0.043 2	4.87	0.023
$S_{it}^{flow} I(corruption_{it} > 23.873)$	-0.024***	0.025 3	9.14	0.000
s_*demestic*	0.004 1*	0.022 2	4.89	0.091
gov	0.056***	0.031 4	9.04	0.000
absorb	0.006**	0.041 2	6.72	0.031
invest	0.212*	0.052 0	4.81	0.071

注：***、**、* 分别表示 1%、5%和 10%的显著性水平。

综合表6.5至表6.7，可以看出无论是东部地区，中部地区还是西部地区，当腐败水平较低（低于其第一个门槛值）时，海归知识溢出对各区域技术进步的影响为正，尤其是在中部和西部地区，海归知识溢出对各区域技术进步的影响非常人，而当腐败程度逐渐提高，腐败水平位丁两个门槛值之间时，东部、中部海归知识溢出对各区域技术进步的影响都为正，但是此时西部地区海归知识溢出效应对该地区技术进步的影响已为负。而当腐败水平跨越第二个门槛值时，中、西部地区的海归回流对技术进步的影响效应均为负正。以上分析表明，在其他因素不变的条件下，中国海归知识溢出效应的大小和方向均存在基于区域腐败水平的“门槛效应”，同时腐败制约海归知识溢出效应的现象在我国大部分地区普遍存在。

6.5　各省市腐败水平与门槛值比较

进一步计算出各时间段内东、中、西部地区的腐败水平均值以及各省市腐败程度值，并与三个地区的门槛区间进行对照（见表6.8）。

表 6.8　腐败程度均值及其与门槛值的比较

区域	省份/地区	1995—1999 年	2000—2004 年	2005—2009 年	2010—2013 年
东部地区 [19.032，22.876]	北京	22.893⊙	20.563⊙	18.889⊕	18.083⊕
	天津	22.087⊙	21.103⊙	18.893⊕	18.973⊕
	河北	21.763⊙	22.198⊙	22.126⊙	22.543⊙
	上海	22.342⊙	22.193⊙	17.819⊕	17.123⊕
	山东	21.893⊙	21.042⊙	21.053⊙	20.549⊙
	江苏	21.783 2⊙	21.793⊙	21.223⊙	20.889⊙
	福建	23.678	22.712⊙	23.783⊙	24.328
	广东	23.982	22.012⊙	21.112⊙	20.892⊙
	浙江	22.012⊙	22.023⊙	23.124	23.678
	海南	23.672	23.702	23.934	22.923
	辽宁	24.782	23.793	23.901	21.453⊙
	地区均值	24.92	23.023	22.298	17.898
中部地区 [20.432，21.912]	山西	22.234	22.345	22.564	22.678
	内蒙古	22.323	22.121	22.052	22.033
	吉林	22.373	22.553	22.612	22.353
	黑龙江	22.423	21.521⊙	21.489⊙	21.582⊙
	安徽	22.223	22.329	22.422	20.461⊙
	江西	22.470	22.453	22.512	20.553⊙
	河南	23.320	22.221	22.181	20.582⊙
	湖北	22.458	22.892	20.653⊙	20.187⊙
	湖南	22.818	22.348	22.762	22.423
	广西	22.331	22.401	22.320	22.251
	地区均值	23.232	22.422	21.786	20.922

表6.8(续)

区域	省份/地区	1995—1999 年	2000—2004 年	2005—2009 年	2010—2013 年
西部地区[21.243，23.873]	四川	21.254⊙	21.657⊙	21.783 3⊙	21.982⊙
	贵州	22.113⊙	22.253⊙	22.261⊙	22.372⊙
	云南	22.012⊕	21.457⊙	22.211⊙	22.272⊙
	西藏	21.423⊙	21.425⊙	22.037 ⊙	23.126⊙
	陕西	22.143⊙	22.267⊙	22.461⊙	22.672⊙
	甘肃	22.067⊙	22.088⊙	22.106⊙	22.114⊙
	重庆	21.345⊙	21.543⊙	21.641⊙	21.842⊙
	青海	21.538⊙	22.292⊙	22.293⊙	22.387⊙
	宁夏	21.487⊙	21.490⊙	21.613⊙	23.182⊙
	新疆	21.740⊙	22.053⊙	22.433⊙	22.577⊙
	地区均值	23.128 7	22.453 2	21.786	21. 983

注：⊙表示落在腐败水平第一门槛值与第二门槛值95%置信区间之内；⊕表示落在第一门槛值置信区间左侧。

就东、中、西部三大区域来看，东部地区总体腐败水平均值至2005开始已降低至第一门槛与第二门槛值内，并且至2010年开始，东部地区的腐败水平已降低至第一临界值内，说明东部地区从2010年开始海归回流的知识溢出效应开始整体呈现明显的“跃升”态势。具体到东部每个省份而言，我们发现从2005年开始，北京、天津、上海等一线发达城市的腐败水平已降低至第一门槛值，海南省的腐败程度一直徘徊在第二临界值右侧，并且福建、河北、浙江三省从2005年起其腐败水平出现了恶化，这主要是由于该地区尚没有建立起有效的约束机制，有市场化提供的腐败机会，而腐败是企业家绕过烦琐的行政程序、避开过多管制和不当法律体制的有效手段，因此，上述三个省份的腐败水平在近十年有严重的趋势。

对中部地区而言，其腐败水平从2005年开始已降低至海归知识溢出效应由负转正的第二门槛值内。同时中部各省市整体上看是每隔五年，其腐败程度在一定程度上有所遏制。同时发现湖北省2005年其腐败水平便已降低至第二门槛值内，时隔5年，2010年湖北的腐败水平已低于其他中部省份。究其原因主要是地区制度环境度对海归创业释放的知识溢出效应能产生很大影响，且金融发展是影响海归知识溢出效应的重要因素之一（陈怡安，2014）。而湖北省武汉市作为湖北省经济金融中心和中部地区最大的城市，其良好的金融发展环境使得大批海外高层次人才落户武汉创新创业，同时便利的创业企业手续在一定程度上降低了政府管制的强度，而政府管制可能是一种创造租金和抽取租金的机制，政府管制会造成资源配置的低效率，损害社会福利（DeSoto，1989；Shleifer et al.，1993）。此时较低的政府管制强度促进了海归企业家的创业活力。

此外，黑龙江、吉林省的腐败水平从1995年至今变化不大，其主要是由于上述两省市市场较缺乏活力，产业单一、过度依赖投资，官商作风较普遍，同时这也与目前东北经济发展明显落后有一定关系①。同时可以看出安徽、江西、河南三省的腐败水平至2010年开始降低至第二门槛值内。

从西部地区的情况来看，西部各省市腐败水平与中部、东部省市相比较高，这是因为西部多数省份经济社会发展大大落后于中东部，即使是西部大开发战略实施以来，这种差距仍然在继续扩大。例如，制度缺失、计划经济体制约束、制度环境约束等因素，再加上政府部门对该地区市场的过度管制，可能抑制潜在海归企业家的创业活动，进而对该地区经济造成诸多负面影响（陈怡安，2016）。对于大多数国家来说，开办一家新企业的成本都非常高，而在管制更严格的国家，当地政府的腐败程度也更严重，非正规经济部门的规模也更庞大，但当地的产品质量并不会比管制程度更低的国家好。随后的一系列文献研究也都证实，严格的政府管制也未能避免和修正市场失灵（Djankov，2009），说明西部地区政府管制影响经济的一个重要机制，可能是阻碍了潜在海归企业家的创业活动。根据表6.8可以发现，西部地区的腐败水平在近20年间一直高于第一门槛值，海归回流的知识溢出影响效应为负，这在一定程度上也说明西部海归回流的知识溢出效应提升还有很大提升空间。

6.6 总结与讨论

在理论上，腐败与知识溢出之间主要存在“正向”“负向”的影响关系。那么海归回流作为最新的知识溢出渠道，其知识溢出效应是否受回流国腐败程度的影响，即腐败对于各区域海归知识溢出效应的影响是“润滑效应”还是

① 杨明. 62.7%受访东北人认为在东北创业不太容易得到支持［EB/OL］.（2015-12-03）［2019-12-16］. http：//business. sohu. com/20151203/n429422613. shtml.

“摩擦效应”呢？基于中国1995—2015年省级面板数据，本研究深入考察了区域腐败水平与海归知识溢出效应影响的关系，发现腐败水平与海归知识溢出效应之间存在明显的非线性关系和阶段性特征。具体表现为：第一，从全国范围来看，当腐败水平低于第一门槛值时，腐败对中国海归知识溢出具有“润滑效应”，而当腐败水平跨过第一门槛值后，腐败会对中国海归知识溢出具有明显的“摩擦效应”，这说明回流国较低的法治水平会在一定程度上强化中国海归企业家参与腐败行为的动机。第二，分地区估计结果显示，我国海归知识溢出效应在很大程度上取决于各地区的腐败程度，并且具有较强的稳健性。当腐败水平高于第一门槛值时，东、中部地区的海归知识溢出效应依然为正，但是西部地区海归回流的知识溢出效应已经为负。这与西部部分省份腐败程度相对严重，海归企业家不得不在一定程度上其生产规模有关（Mo，2001）。第三，受腐败水平门槛的限制，我国腐败程度相对较高的省份尚不能为释放更多的海归知识溢出效应提供必要的制度环境支持。

最后，需要指出本研究仍存在一定的局限性，本研究主要从回流国层面较为宏观地考察腐败对中国海归知识溢出的影响，而越来越多的研究尝试将腐败细分为具体的类型，如政治腐败、官僚腐败等，或者区分腐败的大小，但限于数据的可得性，本研究并没有对腐败进行细化后展开讨论。当然，以上研究的不足也是我们今后该努力的方向。

7 结论、政策启示与研究展望

7.1 主要研究结论

本研究在系统梳理国内外有关制度环境对海归知识溢出效应的影响研究成果基础上，较全面地展现了这一领域的研究状况和进展。

在理论层面，本研究系统挖掘了制度环境对海归知识溢出效应的影响机理，为制度环境如何影响海归知识溢出效应提供了一条具体而完整的作用渠道。制度环境通过金融市场效应、腐败效应、知识产权保护效应、政府管制效应以及开放效应对海归知识溢出效应的影响。

在经验层面，本书实证研究了制度水平对中国海归知识溢出效应的影响，并在此基础上进一步研究金融发展、腐败水平对海归知识溢出效应的影响，且得到了一些有价值的研究结论。具体如下：

7.1.1 制度水平对海归知识溢出效应的影响为正

本研究基于中国1995—2017年省级面板数据，评估了制度水平对海归知识溢出效应的影响。研究发现：

第一，制度水平对海归知识溢出效应的影响为正，金融市场效应、产权保护效应和开放效应对海归知识溢出效应的释放产生了积极效应，而腐败与政府管制效应对海归知识溢出效应的释放产生了抑制效应。

第二，制度水平对海归知识溢出效应的影响存在显著的地区差异，东部地区良好的制度环境有力地促进了该区域海归知识溢出效应的释放，而西部地区的制度环境在促进海归知识溢出效应方面仍有待改善。这在一定程度上说明制度水平总体对海归知识溢出效应的地区差异有重要影响，相比制度水平低的地区而言，制度水平高的地区能释放更多的海归知识溢出效应。

第三，进一步发现制度水平各因素对中国海归知识溢出效应的影响，证实了海归知识溢出效应存在基于制度水平各因素的门槛效应。金融市场效率、政府管制对海归知识溢出的影响呈现单一门槛特征，而腐败、开放度、知识产权保护对海归知识溢出的影响呈现双重门槛特征。具体如下：①目前东部区域多数省份金融市场效率已跨越第一门槛值，海归回流的知识溢出对区域技术进步存在十分明显的正向促进效应。②在腐败程度较低（低于第一门槛值）的良好制度环境下，海归企业可以借助正式制度的作用获得创新所需的各种资源，如东部部分省份，腐败对海归知识溢出效应的释放具有“润滑效应”。而当腐败水平位于两个门槛值之间时，例如处于中部的绝大多数省份，腐败对海归知识溢出效应具有“摩擦效应”。并且在腐败水平非常高的西部地区，海归回流释放的知识溢出效应进一步加速下降。③当一地区对知识产权的保护效应低于第一门槛值时，知识产权保护力度对海归知识溢出效应的影响效应为负，而当一地区对知识产权的保护水平较高，跨越第二门槛值时，较强的知识产权保护力度形成了有利于海归高层次人才引进国外高新技术产品的环境，进而加速了海归知识溢出效应的释放。④海归知识溢出效应存在基于开放度的门槛效应。这说明开放的制度环境对海归知识溢出效应的释放十分重要，从侧面也反映出当前政府大力营造崇尚创新、容忍失败的开放氛围十分必要。研究进一步发现我国管制相对较强的省份尚不能为海归知识溢出效应的释放提供必要的制度支持。

7.1.2　金融发展与海归知识溢出效应之间存在非线性关系与阶段性特征

基于中国1995—2013年省级面板数据，本研究深入考察了区域金融发展水平与海归回流对中国技术进步影响效应的关系，发现金融发展水平与海归知识溢出效应之间存在明显的非线性关系和阶段性特征。具体表现为：

第一，海归知识溢出与技术进步的联系显著依赖于各省市金融发展水平，只有当金融发展水平越过一定门槛值之后，海归回流才会对当地产生显著技术进步效应。

第二，当金融发展水平跨越第二个门槛值时，东、中、西部地区的海归回流对技术进步的影响效应均为正，尤其东部地区的海归知识溢出对该区域技术进步的影响存在明显的“加速、跃升”正效应，但西部地区海归回流的知识溢出对该区域的技术进步效应产生的促进作用较为有限，这与西部地区金融资源相对匮乏、金融市场相对落后有一定关系。

第三，受到金融发展水平门槛的限制，我国金融发展水平相对低下的省份还不能为释放更多的海归知识溢出效应提供必要的金融环境支持。

7.1.3 腐败水平对海归知识溢出效应影响同时存在抑制性与促进效应

基于中国1995—2015年省级面板数据，本研究深入考察了区域腐败水平与海归知识溢出效应影响的关系，发现腐败水平与海归知识溢出效应之间存在明显的非线性关系和阶段性特征。具体表现为：

第一，从全国范围来看，当腐败水平低于第一门槛值时，腐败对中国海归知识溢出具有“润滑效应”，而当腐败水平跨过第一门槛值后，腐败会对中国海归知识溢出具有明显的“摩擦效应”，这说明回流国较低的法治水平会在一定程度上强化中国海归企业家参与腐败行为的动机。

第二，分地区估计结果显示，我国海归知识溢出效应在很大程度上取决于各地区腐败程度，并且具有较强的稳健性。当腐败水平高于第一门槛值时，东、中部地区的海归知识溢出效应依然为正，但是西部地区海归回流的知识溢出效应已经为负。这与西部部分省份腐败程度相对严重有一定的关系。

第三，受腐败水平门槛的限制，我国腐败程度相对较高的省份尚不能为释放更多的海归知识溢出效应提供必要的制度环境支持。

7.2 政策启示

本研究具有十分紧迫的现实意义。伴随着中国经济强势崛起，一场没有硝烟的全球“人才战争”已悄然打响。中国应抓住机会优化当前人才创新环境以吸引更多过去流失在海外的顶尖科技人才回国，同时制定有利于海归人才生存发展的制度环境进而使其知识溢出效应得到更大程度的释放，这方面的研究显得十分必要。

本研究也具有较强的政策指导意义，具体表现在以下三个方面：

第一，本研究发现加强对知识产权的保护力度，对提升海归知识溢出效应具有促进效应。首先，各级政府部门应通过加强对知识产权的保护力度，使各行业内实施创新的海归企业更可能通过专利授权或垄断使用专利获益，不会因技术被侵权而使其利益受损，这将激发海归企业进行持续地创新，进而加速海归知识溢出效应的释放。其次，当前政府有必要大力营造崇尚创新、容忍失败的开放氛围，才能有利于调动海归创新创业人才的积极性，充分释放海归人才的创新潜能。但中国目前的文化氛围仍然是以“成者王侯败者寇”为主，这其实是不符合创新规律的①。

第二，腐败已对中国海归知识溢出产生明显的抑制效应，从长远发展来看，确立反腐败的长效机制，是激发中国海归创新活力的可行举措。

本研究发现海归知识溢出效应对中国技术进步的影响程度依赖于其所处地区的腐败水平。在腐败程度较低的地区，腐败对海归知识溢出效应释放有一定的促进作用，这主要是由于海归企业家可能绕过烦琐的行政程序、避开过多管制和不当法律体制的有效手段。在腐败程度较高的地区，海归企业家的寻租需求和政府官员的主动创租动机会在一定程度上产生相互强化的作用，进而使得海归企业家参与腐败行为的概率大大提高，而较高腐败租金的存在将激励海归企业家更多地脱离生产性活动，去从事腐败活动从而抑制其知识溢出效应的释放。因此，回流国改善其法治环境，进一步加强反腐力度，会有利于弱化海归企业家参与腐败行为的动机，压缩海归企业家的寻租空间，进而使得海归投资者通过市场选择而不是通过“非生产性”的腐败行为来优化配置资源，从而使海归知识溢出效应有更大程度的释放。

本研究结论也有一定的实践意义。一方面，通过估计腐败对中国海归知识溢出的门槛效应，我们发现受到腐败水平门槛的限制，我国腐败程度相对较高的省份尚不能为释放更多的海归知识溢出效应提供必要的制度环境支持。同时也说明回流国低劣的法治水平会在一定程度上强化中国海归企业家参与腐败行为的动机，尤其由于海归企业家经验不足且缺乏一定的资源性优势，很容易将腐败作为一种次优选择，以便尽快地绕过回流所在地区的投资障碍，减少制度摩擦，较为便捷地进入其所在的投资领域。但是，本研究结论也表明，当腐败水平跨过一定门槛后，腐败会对中国海归知识溢出产生明显的抑制效应，从目前的情况看，大多数省份的腐败水平足以弱化中国海归回流的知识溢出效应，因此，从长远发展来看，只有加强制度建设，进一步完善法治环境，腐败对海归知识溢出的“润滑效应”才能长期持续下去。

另一方面，也表明一个生机勃勃的私营部门——海归创办新企业不断进入市场、创造就业岗位、开发新产品有助于促进我国技术进步。但前提是政府要在建立富有活力的企业生态体系方面发挥关键作用。正确的政府经济管制能促使好的想法生根，但是如果一个地方的政府经济管制使得创建一个新的企业很困难，那么好的想法可能永远得不到实现，从而错过重要的机会。过重的政府

① 佚名．贝尔实验室高级副总裁许浚博士谈创新文化［EB/OL］．(2012-12-23)［2019-12-20］．http：//news. eastday. com/epublish/gb/paper10/20001223/class001000014/hwz274455. htm.

经济管制会使崭露头角的企业家退缩，他们可能放弃创业，或者如果有其他的资源，他们会去其他的地方去实现他们的想法（郝祥如，2016）。而对世界大多数经济体来说，中小企业正是推动经济增长、创造就业的引擎。

目前中国正处于“人口红利”向“人才红利”，“中国制造”向“中国创造”的转型期，为广大留学人员回国创新创业提供了广阔的舞台。截至 2015 年年底，中国已引进专家 5 186 人，加上地方政府的相关引才计划，归国工作的人才已超过万人，海归人才回国创业已成为中国经济快速发展的新动力。本研究是首篇评估腐败对海归知识溢出效应影响的文献，对厘清制度环境中腐败对于海归知识溢出效应的影响是极有益的完善补充，同时目前研究如何营造一个良好的法治环境有利于海归生存进而使其回流的知识溢出效应得以更大程度的释放具有非常紧迫的现实意义，能够为政府引才政策提供重要的理论与实践依据。

第三，在当前海归创业日盛、金融市场发展迅速但不稳定因素凸显的背景下，政府应提高海归企业的融资效率，充分利用海归创新创业释放的知识溢出效应促进自身技术进步。目前各省需要不断扩大市场规模、提高金融市场效率，全方位多渠道地提升区域金融实力，为海归创新创业营造良好的外部金融环境。

鉴于我国各省市金融发展水平差异较大，经济发展不平衡，对于经济发展较为落后的部分省市而言，盲目地大量引进各类海外高层次人才最终可能由于该地区较低的金融发展水平导致的本土吸收能力较为有限，尚不能为释放更多的海归知识溢出效应提供必要的金融环境支持，无法实现使海归促进其当地的技术进步水平。因此，这些金融发展水平较落后的省份更应重视本土人力资本投资，提升本土人力资本吸收能力，注重当地企业的研发、自主培养人才可能更容易解决知识溢出效应瓶颈，加快我国技术进步。本土企业具有相匹配的吸收能力非常关键，如果本土金融发展水平的（吸收能力）过低，单靠政府等各种引才计划引进大量海归的知识溢出效应无法得到释放，说明各地政府应从数量、质量方面因地制宜的引进海归人才。对一些经济欠发达地区，盲目地通过一些优惠政策吸引海归人才在一定程度上无法促进当地技术进步。

但对于一部分金融市场效率较高的东部部分省份而言，其金融发展水平已跨越了特定门槛值，丰富的金融资源和高效的金融市场，有利于海归创业融资，在一定程度上能加快海归创业知识溢出效应的释放。此时大量引进海外高层次人才回国发展可获得较自主创新更为快捷的技术进步，获得后发优势。但同时需要注意在未来一段时期内，随着本土企业吸收能力的增强、金融发展水平进一步提升，一部分省份可能存在面临金融发展过度深化、海归创业产业空心化的风险，对中国技术进步难以产生促进作用。但这并不意味着未来通过引进海归人才实现技术改进、模仿不利于本国经济发展，只是目前就本土企业对国外的技术吸收效果而言，选择适度的金融发展水平不仅有利于海归知识溢出效应的吸收，而且能提高本土企业的技术水平。

目前各省仍需要不断扩大市场规模、完善金融市场体系、提高金融市场效率，全方位、多渠道地提升区域金融实力，为海归创新创业营造良好的外部金融环境。一是要进一步完善我国中小企业金融支持体系，通过降低融资成本和自主创业门槛（唐礼智等，2013），使海归企业家在拥有足够的知识和技术积累之后能够迅速转化为生产力，实现技术的扩散与转移。二是目前政府有必要建立一支国家级的海归人员创业支持计划，鼓励并支持海归人才尤其是拥有外资企业工作经验的海归进行创业和技术创新，吸引更多的风险投资和其他海内外民间投资的加入，最终为中国经济注入新的活力和新的增长点。

7.3 研究展望

虽然本研究在对制度环境与海归知识溢出效应研究的理论与实证方面具有一定学术贡献，但在研究过程中笔者也发现了另外一些该领域中有价值的研究命题，以下问题值得进一步深入研究。

7.3.1 人才跨国外流的技术进步效应

本书主要关注制度水平对海归知识溢出效应影响的问题，但是，人才跨国外流对本国的技术进步效应目前尚存争议，部分人才流失海外是否有利于促进中国的技术创新？究竟应增强外流国的创新能力还是应削弱人才外流国的创新能力？人才外流与中国技术创新之间的关系如何？是否不同的人才流失比例区间对应着相应技术创新获益区间以及技术创新损失区间？因此，进一步研究中国人才外流对技术创新的影响效应是有必要的。

7.3.2 海归回流的负经济效应

本书主要探讨了海归回流的正向效应，例如海归知识溢出效应。然而，海归回流的负效应也是存在的，有必要利用合理方法测算海归回流的负经济效应。例如，当从事研发创新的海归企业不能得到全部的创新收益，边际收益将不断下降。当海归企业创新收益小于创新成本时，从事创新的动机就会消失，等待其他企业创新的动机加强。海归企业与本土企业之间博弈的纳什均衡必然使无人愿意进行创新知识的开发（惠宁，2007）。也就是说，知识的溢出效应将会抑制创新主体海归进行知识创新的积极性，进而降低整个社会福利。因此未来的研究方向之一将是海归回流的负经济效应对中国技术进步的负面影响。

7.3.3 海外引才制度设计

近年来，为吸引海外人才回国发展，中央及地方政府相继出台了多种人才引进政策，取得了积极的效果，并且中国已经发展到了主动吸引、争夺国际顶尖人才的阶段。但目前与世界上最具人才吸引力的美国相比，中国的人才数量虽然已经超过美国，但在人才质量、人才产出等方面还远远落后于美国，并且顶尖人才的流失率很高。这种巨大差距带来的是对中国人才引进制度的思考，在国际人才竞争的背后是各国引才制度的博弈①。因此，如何构建具有国际竞争力的人才制度这一命题将是未来本领域值得研究的前沿点。

7.4 研究的不足

由于目前个人能力、时间等有限，例如受数据获取、测量方法等条件限制，本研究本身存在以下不足，需在今后的研究中进一步完善。

一方面，本研究主要从回流国层面较为宏观地考察腐败对中国海归知识溢出的影响，而越来越多的研究尝试将腐败细分为具体的类型，如政治腐败、官僚腐败等，或者区分腐败的大小，但限于数据的可得性，本研究并没有对腐败进行细化后展开讨论。

另一方面，本研究尚没有进一步深入讨论制度距离与海归知识溢出效应的关系，该命题是需要在充分考虑我国制度背景的基础上深入研究的问题。例如，制度差距对海归知识溢出影响效应如何？回流国与东道国的制度距离是否会对海归知识溢出效应的释放产生抑制效应？各省与东道国之间的制度距离对海归知识溢出效应的影响是否存在门槛效应？随着各省与东道国制度距离的不断增加，各省海归回流的知识溢出效应是否呈“急剧递减”态势？上述研究不足将成为我们今后努力的方向。

---

① 彭科峰. 海外引才考验制度设计［EB/OL］.（2013-03-01）［2019-12-30］. http：//news. hexun. com/2013-03-01/151608600. html？fromtool = roll.

参考文献

陈刚，2015. 管制与创业：来自中国的微观证据［J］. 管理世界（5）：89-99.

陈刚，李树，尹希果，2008. 腐败与中国经济增长：实证主义的视角［J］. 经济社会体制比较（3）：59-68.

陈怡安，2017. 中国海归回流企业家精神的空间溢出效应研究［J］. 世界经济文汇（3）：102-120.

陈怡安，杨河清，2013. 海归回流对中国技术进步的影响效应实证［J］. 经济管理（4）：82-93.

陈怡安，2014. 国际智力回流的知识溢出效应：一个文献评述与展望［J］. 产业经济评论：山东（4）：44-60.

陈怡安，2016. 金融发展与海归回流的知识溢出效应关系实证［J］. 科研管理，V37（6）：168-176.

陈怡安，2017. 制度环境如何影响海外高层次人才回流的国际知识溢出效应：一个文献评述［J］. 产业经济评论：山东（1）：78-89.

蔡地，万迪昉，2012. 制度环境影响企业的研发投入吗?［J］科学学与科学技术管理，33（4）：121-128.

邓富华，胡兵，2013. 制度约束下东道国腐败对中国对外直接投资的影响：基于跨国面板数据的门槛效应检验［J］. 中国经济问题（4）：99-108.

胡永刚，石崇，2016. 扭曲、企业家精神与中国经济增长［J］. 经济研究（7）：14.

侯晓辉，王青，冯宗宪，2012. 金融生态与中国工业企业的技术创新能力［J］. 产业经济研究（3）：59-68.

李后建，2013. 市场化、腐败与企业家精神［J］. 经济科学（1）：99-111.

李梅，袁小艺，张易，2014. 制度环境与对外直接投资逆向技术溢出［J］. 世界经济研究（2）：61-66.

李平，许家云，2011. 国际智力回流的技术扩散效应研究：基于中国地区差异及门槛回归的实证分析[J]. 经济学，10（2）：935-964.

李平，许家云，2011. 金融市场发展、海归与技术扩散：基于中国海归创办新企业视角的分析[J]. 南开管理评论，14（2）：150-160.

刘志铭，申建博，2004. 外商直接投资的技术溢出效应、影响因素与我国的政策选择［J］. 经济纵横（12）：31-34.

李雪灵，张惺，刘钊，等，2012. 制度环境与寻租活动：源于世界银行数据的实证研究［J］. 中国工业经济（11）：56-58.

林琳，2009. 智力流动与经济发展研究综述［J］. 经济评论（2）：147-160.

刘和旺，郑世林，王宇锋，2015. 所有制类型、技术创新与企业绩效［J］. 中国软科学（3）：28-40.

罗党论，唐清泉，2009. 中国民营上市公司制度环境与绩效问题研究［J］. 经济研究（2）：106-118.

马光荣，刘明，杨恩艳，2014. 银行授信、信贷紧缩与企业研发［J］. 金融研究（7）：112-113.

邵传林，张存刚，2016. 法治如何影响了企业家精神?［J］. 经济与管理研究（1）：89-95.

魏浩，何晓琳，赵春明，2010. 制度水平、制度差距与发展中国家的对外贸易发展：来自全球31个发展中国家的国际经验［J］. 南开经济研究（5）：18-34.

万玺，2013. 海归科技人才创业政策吸引度、满意度与忠诚度［J］. 科学学与科学技术管理，34（2）：165-173.

徐静，卢现祥，2010. 腐败的经济增长效应：润滑剂抑或绊脚石?［J］. 国外社会科学（1）：30-37.

解维敏，方红星，2011. 金融发展、融资约束与企业研发投入［J］. 金融研究（5）：171-183.

宗庆庆，黄娅娜，钟鸿钧，2015. 行业异质性、知识产权保护与企业研发投入［J］. 产业经济研究（2）：47-57.

朱敏，许家云，2013. 海外人才回流与FDI技术溢出：地区差异及影响因素的实证分析［J］. 科学学研究，31（11）：1663-1670.

单豪杰，2008. 中国资本存量K的再估算：1952—2006年［J］. 数量经济技术经济研究（10）：67-89.

张军，2005. 中国省际物质资本存量估算：1952—2000［J］. 经济研究（10）：35-44.

刘军，黄解宇，曹利军，2007. 金融集聚影响实体经济机制研究［J］. 管理世界（4），77-83.

王永齐，2006. FDI 溢出、金融市场与经济增长［J］. 数量经济技术经济研究（1）：59-68.

夏祥谦，2014. 各省区市金融发展水平的比较研究［J］. 金融理论与实践（1）：63-68.

姚耀军，史文婧，2013. FDI 与全要素生产率增长：金融发展门槛效应检验［J］. 金融发展研究（2）：16-20.

张宇，2008. FDI 技术外溢的地区差异与吸收能力的门限特征：基于中国省际面板数据的门限回归分析［J］. 数量经济技术经济研究（1）：28-39.

朱敏，高越，2012. 金融市场发展、人力资本回流与技术进步：基于我国国家层面数据的实证检验［J］. 经济经纬（1）：153-156.

王辉耀，苗绿，2013. 中国海归发展报告（2013）［M］. 北京：社会科学文献出版社.

王辉耀，2015. 中国国际移民报告（2015）［M］. 北京：社会科学文献出版社.

王蓉蓉，2012. 海外人才回流与社会适应研究［D］. 上海：华东师范大学.

许琦，2012. 中国海外留学人才回流趋势及其原因研究（1978—2010）［D］. 上海：复旦大学.

杨河清，陈怡安，2013. 海归回流：知识溢出及门槛效应：基于中国的实证检验［J］. 人口研究，37（5）：91-102.

魏华颖，曾湘泉，2014. 海外留学归国人员就业的微观影响因素的实证研究［J］. 中国行政管理（10）：45-47.

张林，冉光和，陈丘，2014. 区域金融实力、FDI 溢出与实体经济增长：基于面板门槛模型的研究［J］. 经济科学，36（6）：76-89.

朱敏，高越，2012. 智力外流对中国技术创新的影响：基于地区差异的实证研究［J］. 科学学与科学技术管理，33（10）：147-154.

ALFARO L，CHANDA，2004. FDI and Economic Growth：the Role of Local Financial Markets［J］. Journal of International Economics（64）：89-112.

AIDT T S，2009. Corruption，Institutions，and Economic Development［J］. Oxford Review of Economic Policy，25（2），271-291.

AGRAWAL A, KAPUR D, MCHALE J, 2011. Brain Drain or Brain Bank? The Impact of Skilled Emigration on Poor-country Innovation [J]. Journal of Urban Economics, 69(1), 43-55.

AGRAWAL A, KIM Y, KWON H D, 2016. Investment in Shared Suppliers: Effect of Learning, Spillover, and Competition [J]. Production & Operations Management, 25(4), 734-750.

AHAMMAD M F, TARBA S Y, LIU Y etal., 2014. Knowledge Transfer and Cross-border Acquisition Performance: the Impact of Cultural Distance and Employee Retention [J]. International Business Review, 25(1), 66-75.

ALON I, ROTTIG D, 2013. Entrepreneurship in Emerging Markets: New Insights and Directions for Future Research [J]. Thunderbird International Business Review, 55(5), 487-492.

AUDRETSCH D, FELDMAN M, 2010. Small-firm Strategic Research Partnerships: the Case of Biotechnology [J]. Technology Analysis & Strategic Management, 15(2), 273-288.

ACEMOGLU D, 2010. Directed technical change [J]. Review of Economic Studies, 69(4), 781-809.

ACEMOGLU D, JOHNSON S, 2005 . Unbundling Institutions [J]. Journal of Political Economy, 113(5): 949-995.

AGUILERA R V, JACKSON G, 2003. The Cross-national Diversity of Corporate Governance: Dimensions and Determinants [J]. Academy of Management Review, 28(3), 447-465.

ARDAGNA S, LUSARDI A, 2011. Heterogeneity in the effect of regulation on entrepreneurship and entry size [J]. Journal of the European Economic Association, 8(2-3), 594-605.

AZMAN-SAINI, LAW S H, AHMAD A H, 2010. FDI and economic growth: New evidence on the role of financial markets [J]. Economics letters, 107(2), 211-213.

ALFARO L, CHARLTON A, KANCZUK F, 2008. Plant-size Distribution and Cross-country Income Differences (No. w14060) [M]. New York: National Bureau of Economic Research.

BERTHELEMY J C, VAROUDAKIS A, 1996. Economic growth, convergence clubs, and the role of financial development [N]. Oxford Economic Papers, 48

(2), 300-328.

BANY-ARIFFIN, HISHAM M, JR M G, 2016. Macroeconomic Factors and Firm's Cross-border Merger and Acquisitions [J]. Journal of Economics & Finance, 40 (2), 1-22.

BATJARGAL B, HITT M A, TSUI AS, et al., 2013. Institutional Polycentrism, Entrepreneurs' Social Networks, and New Venture Growth [J]. Academy of Management Journal, 56 (4), 1024-1049.

BEINE M, NOëL R, RAGOT L, 2014. Determinants of the international mobility of students [J]. Economics of Education Review, 41: 40-54.

BORENSZTEIN E, GREGORIO J D, LEE J W, 1998. How does Foreign Direct Investment Affect Economic Growth? [J]. Journal of International Economics, 45 (1), 115-135.

CANEPA A, STONEMAN P, 2008. Financial constraints to innovation in the UK: evidence from CIS2 and CIS3 [N]. Oxford Economic Papers, 60(4): 394-398.

COMMANDER S, KANGASNIEMI M, WINTERS L A, 2004. The Brain Drain: a Review of Theory and Facts [J]. Brussels Economic Review, 47 (1), 29-44.

CHOONG C K, LAM S Y, 2012. Foreign Direct Investment, Financial Development and Economic Growth: Panel Data Analysis [J]. Journal of Applied Economics, 32 (2), 57-73.

CHOONG C K, YUSOP Z, SOO S C, 2004. Foreign direct investment, economic growth, and financial sector development: a comparative analysis [J]. Asean Economic Bulletin, 21 (3), 278-289.

CHOUDHURY P, 2016. Return Migration and Geography of Innovation in MNEs: a Natural Experiment of Knowledge Production by Local Workers Reporting, to Return Migrants [J]. Journal of Economic Geography, 61(1), 68-73.

COE D T, HELPMAN E, HOFFMAISTER A W, 2008. International R&D Spillovers and Institutions [J]. European Economic Review, 53(7), 723-741.

CULL R, XU L C, 2005. Institutions, ownership, and finance: the determinants of profit reinvestment among chinese firms [J]. Journal of Financial Economics, 77 (1), 117-146.

DAI O, LIU X, 2009. Returnee Entrepreneurs and Firm Performance in Chinese High-technology Industries [J]. International Business Review, 18(4), 373-386.

DAVIDSSON P, HONIG B, 2010. A Closer Look at Business Planning: Early Stage Outcome Effects of How it is Prepared and Used [J]. Frontiers of Entrepreneurship Research, 16 (1), 263-282.

DREHER A, GASSEBNER M, 2013. Greasing the Wheels? The Impact of Regulations and Corruption on Firm Entry [J]. Public Choice, 155(3-4), 413-432.

DESAI M A, KAPUR D, MCHALE J, etal., (2009). The Fiscal Impact of High-skilled Emigration: Flows of Indians to the U. S. [J]. Journal of Development Economics, 88 (1), 32-44.

DJANKOV S, MIGUEL E, QIAN Y, et al. 2005. WHO ARE RUSSIA´S ENTREPRENEURS? [J]. Journal of the European Economic Association, 3(2-3): 587-597.

DONG B, TORGLER B, 2010. Corruption and social interaction: evidence from china [J]. School of Economics and Finance Discussion Papers and Working Papers Series, 34 (6), 932-947.

EATON J, KORTUM S, 1996. Measuring Technology Diffusion and the International Sources of Growth [J]. Eastern Economic Journal, 22(4), 401-410.

EDWARDS SEBASTIAN, 1992. Trade Orientation, Distoritions and Growth in Developing [J]. Journal of Developing Countries, 39: 31-57.

ELERT N, HENREKSON M, 2017. Entrepreneurship and institutions: a Bidirectional Relationship [N]. Working Paper.

ESTRIN S, BAGHDASARYAN D, MEYER K E, 2009. The Impact of Institutional and Human Resource Distance on International Entry Strategies [J]. Journal of Management Studies, 46(7), 1171-1196.

FISMAN R, VIG V, 2012. Private Returns to Public Office [J]. Journal of Political Economy, 122(4): 806-862.

GAUR A S, LU J W, 2007. Ownership Strategies and Survival of Foreign Subsidiaries: Impacts of Institutional Distance and Experience [J]. Journal of Management, 33(1), 84-110.

GIBSON J, MCKENZIE D, 2014. Scientific Mobility and Knowledge Networks in High Emigration Countries: Evidence from the Pacific [J]. Research Policy, 43 (9), 1486-1495.

GLAESE E L, KERR S P, KERR W R, 2015. Entrepreneurship and Urban Growth: an Empirical Assessment with Historical Mines [J]. Review of Economics &

Statistics, 97(2), 498-520.

GROSSMAN G M, HELPMAN E, 1991. Quality Ladders in the Theory of Growth [J]. Review of Economic Studies, 58(1), 43-61.

GUPTA V K, GUO C, CANEVER M, 2014. Institutional Environment for Entrepreneurship in Rapidly Emerging Major Economies: the Case of Brazil, China, India, and Korea [J]. International Entrepreneurship & Management Journal, 10 (2), 367-384.

GROSSMAN G M, HELPMAN E, 1991. Quality ladders in the theory of growth. Review of Economic Studies, 58(1), 43-61.

HANSEN B E, 1999. Threshold Effects in Non-dynamic Panels: Estimation, Testing, and Inference [J]. Journal of Econometrics, 93(2), 345-368.

JENSEN R, SZULANSKI G, 2004. Stickiness and the Adaptation of Organizational Practices in Cross-border Knowledge Transfers [J]. Journal of International Business Studies, 35(6), 508-523.

KANDILOV I T, LEBLEBICIOLU A, PETKOVA N, 2016. The Impact of Banking Deregulation on Inbound Foreign Direct Investment: Transaction-level Evidence from the United States [J]. Journal of International Economics, 100, 138-159.

KENNEY M, DAN B, MURPHREE M, 2013. Coming Back Home after the Sun Rises: Returnee Entrepreneurs and Growth of High Tech Industries [J]. Research Policy, 42(2), 391-407.

KORTUM E S, 1996. Measuring Technology Diffusion and the International Sources of Growth [J]. Eastern Economic Journal, 22(4), 401-410.

KNACK S, 2007. Measuring corruption: a Critique of Indicators in Eastern Europe and Central Asia [J]. Journal of Public Policy, 27(3), 255-291.

IVAROANTNIO, ZINI JUNIOR, 1994. Capital flows, Monetary Instability, and Financial Sector Reform in Brazil [M]. Economic and social development. American Development Bank.

LEVINE R, 1999. Financial development and economic growth: views and agenda [J]. Journal of Economic Literature (2): 688-726.

LEVINE R, ZERVOS S, 1998. Stock Markets, Banks, and Economic Growth [J]. American economic review, 537-558.

LA PORTA R, LOPEZ-DE-SILANES F, SHLEIFE A, 1997. Legal determinants of external finance [J]. The Journal of Finance, 52(3), 1131-1150.

EATON J, KORTUM S, 1999. International Technology Diffusion: Theory and Measurement [J]. International Economic Review, 40(3), 537-570.

LICHTENBERG F R, 1998. International R&D Spillovers: a Comment [J]. European Economic Review, 42(8), 1483-1491.

LIU A P L, 1983. The politics of corruption in the people´s republic of china [J]. American Political Science Review, 77(3), 602-623.

LIU X, LU J, FILATOTCHEV I, 2010. Returnee Entrepreneurs, Knowledge Spillovers and Innovation in High-tech Firms in Emerging Economies [J]. Journal of International Business Studies, 41(7), 1183-1197.

LUO S, LOVELY M E, POPP D, 2014. Intellectual Returnees as Drivers of Indigenous Innovation: Evidence from the Chinese Photovoltaic Industry [J]. National Bureau of Economic Research, 10(1), 78-98.

LI S, SCULLION H, 2006. Bridging the Distance: Managing Cross - border Knowledge Holders [J]. Asia Pacific Journal of Management, 23(1), 71-92.

LIOU R S, CHAO C H, ELLSTRAND A, 2016. Unpacking Institutional Distance: Addressing Human Capital Development and Emerging-market Firms' ownership Strategy in an Advanced Economy [M]. Thunderbird International Business Review.

MCMILLAN J, WOODRUFF C, 2002. The Central Role of Entrepreneurs in Transition Economies [J]. Journal of Economic Perspectives, 16(3): 153-170.

MEYER B D, ROSENBAUM D T, 2001. Welfare, the earned income tax credit, and the labor supply of single mothers [J]. The Quarterly Journal of Economics, 116(3), 1063-1114.

MéNDEZ F, SEPúLVEDA F, 2006. Corruption, growth and political regimes: cross country evidence [J]. European Journal of Political Economy, 22(1), 82-98.

MOHNEN P, PALM F C, LOEFF S S, 2008. Financial constraints and other obstacles: are they a threat to innovation activity? [J]. De Economist, 156(2), 201-214.

MO P H, 2001. Corruption and Economic Growth [J]. Journal of Comparative Economics, 29(1): 66-79.

MOUNTFORD A, 1997. Can a brain drain be good for growth in the source economy? [J]. Journal of Development Economics, 53(2): 287-303.

MCCORMICK B, WAHBA J, 2012. Return International Migration and Geographical Inequality: the Case of Egypt [J]. Journal of African Economies, 12(4), 500-532.

MCGAUGHEY S L, KUMARASWAMY A, LIESCH P W, 2016. Institutions, Entrepreneurship and Co-evolution in International Business [J]. Journal of World Business, 51(6), 871-881.

MINBAEVA D B, PEDERSEN T, BJöRKMAN I, 2014. A Retrospective on: MNc Knowledge Transfer, Subsidiary Absorptive Capacity, and Hrm [J]. Journal of International Business Studies, 45(1), 52-62.

MITZE T, NAVEED A, AHMAD N, 2016. International, Intersectoral, or Unobservable? Measuring R&D Spillovers under Weak and Strong Cross-sectional Dependence [J]. Journal of Macroeconomics, 50, 259-272.

MOUNTFORD A, 1997. Can a Brain Drain be Good for Growth in the Source Economy? [J]. Journal of Development Economics, 53(2), 287-301.

NORTH D C, 1990. Institutions, Institutional Change, and Economic Performance [M]. Cambridge: Harvard University Press.

NORTON K M, YATRAKIS P G, JONES P J, 2012. The Effect of Cultural Differences on Knowledge Assets and the Transfer of Knowledge in Knowledge Based Mncs Firm Value and Financial Strategies to Minimized the Cds Effects [M]. Social Science Electronic Publishing.

SAMET K, 2014. Brain Gain, Technology Transfer and Economic Growth: Case of Tunisia [J]. International Journal of Economics & Finance, 6(9), 234-256.

SAXENIAN A L, 2010. The New Argonauts: Regional Advantage in a Global Economy [J]. Economic Geography, 84(1), 105-108.

STARK O, WANG Y, 2002. Inducing Human Capital Formation: Migration as a Substitute for Subsidies [J]. Journal of Public Economics, 86(1), 29-46.

STOYANOV A, ZUBANOV N, 2014. The Distribution of the Gains from Spillovers through Worker Mobility between Workers and Firms [J]. European Economic Review, 70(C), 17-35.

SAKAKIBARA M, BRANSTETTER L, 2001. Do Stronger Patents Induce More Innovation? Evidence from the 1988 Japanese Patent Law Reforms [J]. Rand Journal of Economics, 32(1): 77-100.

STARK O, WANG Y, 2002. Inducing Human Capital Formation: Migration as a Substitute for Subsidies [J]. Journal of Public Economics, (86): 29-46.

SCHUMPETE J, BACKHAUS U, 2003. The Theory of Economic Development [M]. Joseph Alois Schumpeter.

TEBALDI E, ELMSLIE B, 2013. Does institutional quality impact innovation? Evidence from cross-country patent grant data [J]. Applied Economics, 45(7), 887-900.

VAARA E, SARALA R, STAHL G K, etal., 2012. The Impact of Organizational and National Cultural Differences on Social Conflict and Knowledge Transfer in International Acquisitions [J]. Journal of Management Studies, 49(1), 1-27.

XU B, WANG J, 2000. Trade, Fdi, and International Technology Diffusion [J]. Journal of Economic Integration, 15(4), 585-601.

ZURAWICKI H L, 2002. Corruption and foreign direct investment [J]. Journal of International Business Studies, 33(2), 291-307.

附录

附录一 国家中长期人才发展规划纲要（2010—2020年）

目录

（六）实施推进党政人才、企业经营管理人才、专业技术人才合理流动政策

（七）实施更加开放的人才政策

（八）实施鼓励非公有制经济组织、新社会组织人才发展政策

（九）实施促进人才发展的公共服务政策

（十）实施知识产权保护政策

五、重大人才工程

（一）创新人才推进计划

（二）青年英才开发计划

（三）企业经营管理人才素质提升工程

（四）高素质教育人才培养工程

（五）文化名家工程

（六）全民健康卫生人才保障工程

（七）海外高层次人才引进计划

（八）专业技术人才知识更新工程

（九）国家高技能人才振兴计划

（十）现代农业人才支撑计划

（十一）边远贫困地区、边疆民族地区和革命老区人才支持计划

（十二）高校毕业生基层培养计划

六、组织实施

（一）加强对《人才规划纲要》实施工作的组织领导

（二）建立健全人才发展规划体系

（三）营造实施《人才规划纲要》的良好社会环境

（四）加强人才工作基础性建设

根据党的十七大提出的更好实施人才强国战略的总体要求，着眼于为实现全面建设小康社会奋斗目标提供人才保证，制定《人才规划纲要》。

序言

人才是指具有一定的专业知识或专门技能，进行创造性劳动并对社会作出贡献的人，是人力资源中能力和素质较高的劳动者。人才是我国经济社会发展的第一资源。

在人类社会发展进程中，人才是社会文明进步、人民富裕幸福、国家繁荣昌盛的重要推动力量。当今世界正处在大发展大变革大调整时期。世界多极

化、经济全球化深入发展，科技进步日新月异，知识经济方兴未艾，加快人才发展是在激烈的国际竞争中赢得主动的重大战略选择。我国正处在改革发展的关键阶段，深入贯彻落实科学发展观，全面推进经济建设、政治建设、文化建设、社会建设以及生态文明建设，推动工业化、信息化、城镇化、市场化、国际化深入发展，全面建设小康社会，实现中华民族伟大复兴，必须大力提高国民素质，在继续发挥我国人力资源优势的同时，加快形成我国人才竞争比较优势，逐步实现由人力资源大国向人才强国的转变。

党和国家历来高度重视人才工作，新中国成立以来特别是改革开放以来，提出了一系列加强人才工作的政策措施，培养造就了各个领域的大批人才。进入新世纪新阶段，党中央、国务院作出了实施人才强国战略的重大决策，人才强国战略已成为我国经济社会发展的一项基本战略，人才发展取得了显著成就。科学人才观逐步确立，以高层次人才、高技能人才为重点的各类人才队伍不断壮大，有利于人才发展的政策体系进一步完善，市场配置人才资源的基础性作用初步发挥，人才效能明显提高，党管人才工作新格局基本形成。同时必须清醒地看到，当前我国人才发展的总体水平同世界先进国家相比仍存在较大差距，与我国经济社会发展需要相比还有许多不适应的地方，主要是：高层次创新型人才匮乏，人才创新创业能力不强，人才结构和布局不尽合理，人才发展体制机制障碍尚未消除，人才资源开发投入不足，等等。

未来十几年，是我国人才事业发展的重要战略机遇期。我们必须进一步增强责任感、使命感和危机感，积极应对日趋激烈的国际人才竞争，主动适应我国经济社会发展需要，坚定不移地走人才强国之路，科学规划，深化改革，重点突破，整体推进，不断开创人才辈出、人尽其才的新局面。

一、指导方针、战略目标和总体部署

（一）指导方针

高举中国特色社会主义伟大旗帜，以邓小平理论和“三个代表”重要思想为指导，深入贯彻落实科学发展观，尊重劳动、尊重知识、尊重人才、尊重创造，更好实施人才强国战略，坚持党管人才原则，遵循社会主义市场经济规律和人才成长规律，加快人才发展体制机制改革和政策创新，扩大对外开放，开发利用国内国际两种人才资源，以高层次人才、高技能人才为重点统筹推进各类人才队伍建设，为实现全面建设小康社会奋斗目标提供坚强的人才保证和广泛的智力支持。

当前和今后一个时期，我国人才发展的指导方针是：服务发展、人才优先、以用为本、创新机制、高端引领、整体开发。

服务发展。把服务科学发展作为人才工作的根本出发点和落脚点，围绕科学发展目标确定人才队伍建设任务，根据科学发展需要制定人才政策措施，用科学发展成果检验人才工作成效。

人才优先。确立在经济社会发展中人才优先发展的战略布局，充分发挥人才的基础性、战略性作用，做到人才资源优先开发、人才结构优先调整、人才投资优先保证、人才制度优先创新，促进经济发展方式向主要依靠科技进步、劳动者素质提高、管理创新转变。

以用为本。把充分发挥各类人才的作用作为人才工作的根本任务，围绕用好用活人才来培养人才、引进人才，积极为各类人才干事创业和实现价值提供机会和条件，使全社会创新智慧竞相迸发。

创新机制。把深化改革作为推动人才发展的根本动力，坚决破除束缚人才发展的思想观念和制度障碍，构建与社会主义市场经济体制相适应、有利于科学发展的人才发展体制机制，最大限度地激发人才的创造活力。

高端引领。培养造就一批善于治国理政的领导人才，一批经营管理水平高、市场开拓能力强的优秀企业家，一批世界水平的科学家、科技领军人才、工程师和高水平的哲学社会科学专家、文学家、艺术家、教育家，一大批技艺精湛的高技能人才，一大批社会主义新农村建设带头人，一大批职业化、专业化的高级社会工作人才，充分发挥高层次人才在经济社会发展和人才队伍建设中的引领作用。

整体开发。加强人才培养，注重理想信念教育和职业道德建设，培育拼搏奉献、艰苦创业、诚实守信、团结协作精神，促进人的全面发展。关心人才成长，鼓励和支持人人都作贡献、人人都能成才、行行出状元。统筹国内国际两个市场，推进城乡、区域、产业、行业和不同所有制人才资源开发，实现各类人才队伍协调发展。

（二）战略目标

到2020年，我国人才发展的总体目标是：培养和造就规模宏大、结构优化、布局合理、素质优良的人才队伍，确立国家人才竞争比较优势，进入世界人才强国行列，为在本世纪中叶基本实现社会主义现代化奠定人才基础。

——人才资源总量稳步增长，队伍规模不断壮大。人才资源总量从现在的1.14亿人增加到1.8亿人，增长58%，人才资源占人力资源总量的比重提高到16%，基本满足经济社会发展需要。

——人才素质大幅度提高，结构进一步优化。主要劳动年龄人口受过高等教育的比例达到20%，每万劳动力中研发人员达到43人年，高技能人才占技能劳动者的比例达到28%。人才的分布和层次、类型、性别等结构趋于合理。

——人才竞争比较优势明显增强，竞争力不断提升。人才规模效益显著提高。在装备制造、信息、生物技术、新材料、航空航天、海洋、金融财会、生态环境保护、新能源、农业科技、宣传思想文化等经济社会发展重点领域，建成一批人才高地。

——人才使用效能明显提高。人才发展体制机制创新取得突破性进展，人才辈出、人尽其才的环境基本形成。人力资本投资占国内生产总值比例达到15%，人力资本对经济增长贡献率达到33%，人才贡献率达到35%。

专栏：国家人才发展主要指标

指标	单位	2008 年	2015 年	2020 年
人才资源总量	万人	11 385	15 625	18 025
每万劳动力中研发人员	人年/万人	24. 8	33	43
高技能人才占技能劳动者比例	%	24. 4	27	28
主要劳动年龄人口受过高等教育的比例	%	9. 2	15	20
人力资本投资占国内生产总值比例	%	10. 75	13	15
人才贡献率	%	18. 9	32	35

注：人才贡献率数据为区间年均值，其中2008年数据为1978—2008年的平均值，2015年数据为2008—2015年的平均值，2020年数据为2008—2020年的平均值。

（三）总体部署

一是实行人才投资优先，健全政府、社会、用人单位和个人多元人才投入机制，加大对人才发展的投入，提高人才投资效益。二是加强人才资源能力建设，创新人才培养模式，注重思想道德建设，突出创新精神和创新能力培养，大幅度提升各类人才的整体素质。三是推动人才结构战略性调整，充分发挥市场配置人才资源的基础性作用，改善宏观调控，促进人才结构与经济社会发展相协调。四是造就宏大的高素质人才队伍，突出培养创新型科技人才，重视培养领军人才和复合型人才，大力开发经济社会发展重点领域急需紧缺专门人才，统筹抓好党政人才、企业经营管理人才、专业技术人才、高技能人才、农村实用人才以及社会工作人才等人才队伍建设，培养造就数以亿计的各类人才，数以千万计的专门人才和一大批拔尖创新人才。五是改革人才发展体制机制，完善人才管理体制，创新人才培养开发、评价发现、选拔任用、流动配置、激励保障机制，营造充满活力、富有效率、更加开放的人才制度环境。六是大力吸引海外高层次人才和急需紧缺专门人才，坚持自主培养开发与引进海外人才并举，积极利用国（境）外教育培训资源培养人才。七是加快人才工作法制建设，建立健全人才法律法规，坚持依法管理，保护人才合法权益。八是加强和改进党对人才工作的领导，完善党管人才格局，创新党管人才方式方法，为人才发展提供坚强的组织保证。

推进人才发展，要统筹兼顾，分步实施。到2015年，重点在制度建设、机制创新上有较大突破。到2020年，全面落实各项任务，确保人才发展战略目标的实现。

二、人才队伍建设主要任务

（一）突出培养造就创新型科技人才

发展目标：围绕提高自主创新能力、建设创新型国家，以高层次创新型科技人才为重点，努力造就一批世界水平的科学家、科技领军人才、工程师和高水平创新团队，注重培养一线创新人才和青年科技人才，建设宏大的创新型科技人才队伍。到2020年，研发人员总量达到380万人年，高层次创新型科技人才总量达到4万人左右。

主要举措：创新人才培养模式，建立学校教育和实践锻炼相结合、国内培养和国际交流合作相衔接的开放式培养体系。探索并推行创新型教育方式方法，突出培养学生的科学精神、创造性思维和创新能力。加强实践培养，依托国家重大科研项目和重大工程、重点学科和重点科研基地、国际学术交流合作项目，建设一批高层次创新型科技人才培养基地。加强领军人才、核心技术研发人才培养和创新团队建设，形成科研人才和科研辅助人才衔接有序、梯次配备的合理结构，提高自主创新能力。深化科技体制改革，完善权责明确、评价科学、创新引导的科技管理制度，健全有利于科技人才创新创业的评价、使用、激励措施，进一步解放和发展科技生产力。制定加强高层次创新型科技人才队伍建设意见。改进完善院士制度，注重院士称号精神激励作用，规范院士学术兼职。加大海外高层次创新创业人才引进力度。注重复合型人才培养，破除论资排辈、求全责备观念，加大对优秀青年科技人才的发现、培养、使用和资助力度。加强产学研合作，重视企业工程技术与管理人才的培养，推动科技人才向企业集聚。发展创新文化，倡导追求真理、勇攀高峰、宽容失败、团结协作的创新精神，营造科学民主、学术自由、严谨求实、开放包容的创新氛围。建立健全科研诚信体系，从严治理学术不端行为。

（二）大力开发经济社会发展重点领域急需紧缺专门人才

发展目标：适应发展现代产业体系和构建社会主义和谐社会的需要，加大重点领域急需紧缺专门人才开发力度。到 2020 年，在装备制造、信息、生物技术、新材料、航空航天、海洋、金融财会、国际商务、生态环境保护、能源资源、现代交通运输、农业科技等经济重点领域培养开发急需紧缺专门人才 500 多万人；在教育、政法、宣传思想文化、医药卫生、防灾减灾等社会发展重点领域培养开发急需紧缺专门人才 800 多万人。经济社会发展重点领域各类专业人才数量充足，整体素质和创新能力显著提升，人才结构趋于合理。

主要举措：加强产业、行业人才发展统筹规划和分类指导，围绕重点领域发展，开展人才需求预测，定期发布急需紧缺人才目录。调整优化高等学校学科专业设置，加大急需研发人才和紧缺技术、管理人才的培养力度。大规模开展重点领域专门人才知识更新培训。建设一批工程创新训练基地，建立和完善与国际接轨的工程师认证认可制度，提高工程技术人才职业化、国际化水平。根据国家规划，制定人才特别是产业领军人才、工程技术人才向重点产业集聚的倾斜政策。继续实施“四个一批”人才培养工程，加强哲学社会科学、新闻、出版、文艺等领域高层次人才队伍建设。注重培养造就一批马克思主义理论家特别是中青年理论家。依托重大哲学社会科学研究项目，大力培养哲学社会科学学术带头人。加强宣传思想文化、医药卫生人才培养。支持重点领域科学家参加国际科研计划、学术交流。完善重点领域科研骨干人才分配激励办法。建立重点领域相关部门人才开发协调机制。

（三）统筹推进各类人才队伍建设

1. 党政人才队伍

发展目标：按照加强党的执政能力建设和先进性建设的要求，以提高领导水平和执政能力为核心，以中高级领导干部为重点，造就一批善于治国理政的领导人才，建设一支政治坚定、勇于创新、勤政廉洁、求真务实、奋发有为、善于推动科学发展的高素质党政人才队伍。到 2020 年，具有大学本科及以上学历的干部占党政干部队伍的 85%，专业化水平明显提高，结构更加合理，总量从严控制。

主要举措：适应科学发展要求和干部成长规律，开展大规模干部教育培训，加强干部自学。实施党政人才素质能力提升工程，构建理论教育、知识教育、党性教育和实践锻炼“四位一体”的干部培养教育体系。坚持德才兼备、以德为先用人标准，坚持民主、公开、竞争、择优改革方针，树立坚定信念、注重品行、科学发展、崇尚实干、重视基层、鼓励创新、群众公认的用人导向。扩大干部工作民主，加大竞争性选拔党政领导干部工作力度，拓宽选人用人渠道，提高干部工作科学化水平，促进优秀人才脱颖而出。实施后备干部队伍建设“百千万工程”。注重从基层和生产一线选拔党政人才。加强女干部、少数民族干部、非中共党员干部培养选拔和教育培训工作。实施促进科学发展的干部综合考核评价办法。建立健全党政干部岗位职责规范及其能力素质评价标准，加强工作业绩考核。完善党政人才分类管理制度。加大领导干部跨地区跨部门交流力度，推进党政机关重要岗位干部定期交流、轮岗。健全权力约束制衡机制，加强干部管理监督。

2. 企业经营管理人才队伍

发展目标：适应产业结构优化升级和实施“走出去”战略的需要，以提高现代经营管理水平和企业国际竞争力为核心，以战略企业家和职业经理人为重点，加快推进企业经营管理人才职业化、市场化、专业化和国际化，培养造就一大批具有全球战略眼光、市场开拓精神、管理创新能力和社会责任感的优秀企业家和一支高水平的企业经营管理人才队伍。到 2015 年，企业经营管理人才总量达到 3 500 万人。到 2020 年，企业经营管理人才总量达到 4 200 万人，培养造就 100 名左右能够引领中国企业跻身世界 500 强的战略企业家；国有及国有控股企业国际化人才总量达到 4 万人左右；国有企业领导人员通过竞争性方式选聘比例达到 50%。

主要举措：依托知名跨国公司、国内外高水平大学和其他培训机构，加强企业经营管理人才培训，提高战略管理和跨文化经营管理能力。采取组织选拔与市场化选聘相结合的方式选拔国有企业领导人员。健全企业经营管理者聘任制、任期制和任期目标责任制，实行契约化管理。完善以市场和出资人认可为核心的企业经营管理人才评价体系，积极发展企业经营管理人才评价机构，建立社会化的职业经理人资质评价制度，加强规范化管理。健全企业经营管理人才经营业绩评价指标体系。完善年度薪酬管理制度、协议工资制度和股权激励等中长期激励制度。建立企业经营管理人才库。培养和引进一批科技创新创业企业家和企业发展急需的战略规划、资本运作、科技管理、项目管理等方面专门人才。实施企业经营管理人才素质提升工程和国家中小企业银河培训工程。

3. 专业技术人才队伍

发展目标：适应社会主义现代化建设的需要，以提高专业水平和创新能力为核心，以高层次人才和紧缺人才为重点，打造一支宏大的高素质专业技术人才队伍。到 2015 年，专业技术人才总量达到 6 800 万人。到 2020 年，专业技术人才总量达到 7 500 万人，占从业人员的 10%左右，高级、中级、初级专业技术人才比例为 10∶40∶50。

主要举措：进一步扩大专业技术人才队伍培养规模，提高专业技术人才创新能力。构建分层分类的专业技术人才继续教育体系，加快实施专业技术人才知识更新工程。进一步实施并完善新世纪百千万人才工程。组织实施青年英才开发计划、高素质教育人才培养工程、文化名家工程、全民健康卫生人才保障工程。加大现代物流、电子商务、法律、咨询、会计、工业设计、知识产权、食品安全、旅游等现代服务业人才培养开发力度，重视传统服务业各类技术人才的培养。发挥各类社会组织培养专业技术人才的作用。制定双向挂职、短期工作、项目合作等灵活多样的人才柔性流动政策，引导党政机关、科研院所和高等学校专业技术人才向企业、社会组织和基层一线有序流动，促进专业技术人才合理分布。统筹推进专业技术职称和职业资格制度改革。完善政府特殊津贴制度，强化激励，科学管理。改进专业技术人才收入分配等激励办法。改善基层专业技术人才工作、生活条件，拓展职业发展空间。注重发挥离退休专业技术人才的作用。

4. 高技能人才队伍

发展目标：适应走新型工业化道路和产业结构优化升级的要求，以提升职业素质和职业技能为核心，以技师和高级技师为重点，形成一支门类齐全、技艺精湛的高技能人才队伍。到 2015 年，高技能人才总量达到 3 400 万人。到 2020 年，高技能人才总量达到 3 900 万人，其中技师、高级技师达到 1 000 万人左右。

主要举措：完善以企业为主体、职业院校为基础，学校教育与企业培养紧密联系、政府推动与社会支持相结合的高技能人才培养培训体系。加强职业培训，统筹职业教育发展，整合利用现有各类职业教育培训资源，依托大型骨干企业（集团）、重点职业院校和培训机构，建设一批示范性国家级高技能人才培养基地和公共实训基地。改革职业教育办学模式，大力推行校企合作、工学结合和顶岗实习。加强职业教育“双师型”教师队伍建设。在职业教育中推行学历证书和职业资格证书“双证书”制度。逐步实行中等职业教育免费和学生生活补助制度。实施国家高技能人才振兴计划。促进技能人才评价多元化。制定高技能人才与工程技术人才职业发展贯通办法。建立高技能人才绝技绝活代际传承机制。广泛开展各种形式的职业技能竞赛和岗位练兵活动。完善国家高技能人才评选表彰制度，进一步提高高技能人才经济待遇和社会地位。

5. 农村实用人才队伍

发展目标：围绕社会主义新农村建设，以提高科技素质、职业技能和经营能力为核心，以农村实用人才带头人和农村生产经营型人才为重点，着力打造服务农村经济社会发展、数量充足的农村实用人才队伍。到 2015 年，农村实用人才总量达到 1 300 万人。到 2020 年，农村实用人才总量达到 1 800 万人，平均受教育年限达到 10.2 年，每个行政村主要特色产业至少有 1~2 名示范带动能力强的带头人。

主要举措：大规模开展农村实用人才培训，充分发挥农村现代远程教育网络、全国文化信息资源共享工程网络、各类农民教育培训项目、农业技术推广体系、各类职业学校和培训机构的主渠道作用。整合现有培训项目，健全县域职业教育培训网络，推进农村实用人才带头人素质提升计划和新农村实用人才培训工程，重点实施现代农业人才支撑计划。鼓励和支持农村实用人才带头人牵头建立专业合作组织和专业技术协会，加快培养农业产业化发展急需的企业经营管理人员、农民专业合作组织带头人和农村经纪人。积极扶持农村实用人才创业兴业，在创业培训、项目审批、信贷发放、土地使用等方面给予政策支持。因地制宜，建立健全农村实用人才评价制度。加大对农村实用人才的表彰激励和宣传力度，提高农村实用人才社会地位。加大公共财政对农村发展急需的农业技术人员、教师、医生等方面人才培养的支持力度。继续开展城乡人才对口扶持，推进万名医师支援农村卫生、城镇教师支援农村教育、社会工作者服务社会主义新农村建设、科技人才下乡支农等工作。

6. 社会工作人才队伍

发展目标：适应构建社会主义和谐社会的需要，以人才培养和岗位开发为基础，以中高级社会工作人才为重点，培养造就一支职业化、专业化的社会工作人才队伍。到 2015 年，社会工作人才总量达到 200 万人。到 2020 年，社会工作人才总量达到 300 万人。

主要举措：建立不同学历层次教育协调配套、专业培训和知识普及有机结合的社会工作人才培养体系。加强社会工作学科专业体系建设。建设一批社会工作培训基地。加强社会工作从业人员专业知识培训，制定社会工作培训质量评估指标体系。建立健全社会工作人才评价制度。加强社会工作者队伍职业化管理。加快制定社会工作岗位开发设置政策措施。推进公益服务类事业单位、城乡社区和公益类社会组织建设，完善培育扶持和依法管理社会组织的政策。组织实施社会工作服务组织标准化建设示范工程。研究制定政府购买社会工作服务政策。建立社会工作人才和志愿者队伍联动机制。制定加强社会工作人才队伍建设意见。

三、体制机制创新

（一）改进完善人才工作管理体制

1. 完善党管人才的领导体制

目标要求：坚持党管人才原则，创新党管人才方式方法，完善党委统一领导，组织部门牵头抓总，有关部门各司其职、密切配合，社会力量广泛参与的人才工作格局。发挥党委领导核心作用，统筹经济社会发展和人才发展，切实履行好管宏观、管政策、管协调、管服务的职责，用事业凝聚人才，用实践造就人才，用机制激励人才，用法制保障人才，提高党管人才工作水平。党政主要负责人要树立强烈的人才意识，善于发现人才、培养人才、团结人才、用好人才、服务人才。

主要任务：制定完善党管人才工作格局的意见。健全各级党委人才工作领导机构，建立科学的决策机制、协调机制和督促落实机制，形成统分结合、上下联动、协调高效、整体推进的人才工作运行机制。建立党委、政府人才工作目标责任制，提高各级党政领导班子综合考核指标体系中人才工作专项考核的权重。建立各级党委常委会听取人才工作专项报告制度。完善党委联系专家制度。实行重大决策专家咨询制度。完善党委组织部门牵头抓总职能，发挥政府人力资源管理部门作用，强化各职能部门人才工作职责，充分调动各人民团体、企事业单位、社会组织的积极性，动员和组织全社会力量，形成人才工作整体合力。

2. 改进人才管理方式

目标要求：围绕用好用活人才，完善政府宏观管理、市场有效配置、单位自主用人、人才自主择业的人才管理体制。改进宏观调控，推动政府人才管理职能向创造良好发展环境、提供优质公共服务转变，运行机制和管理方式向规范有序、公开透明、便捷高效转变。健全人才市场体系，发挥市场配置人才资源的基础性作用。遵循放开搞活、分类指导和科学规范的原则，深化国有企业和事业单位人事制度改革，创新管理体制，转换用人机制，扩大和落实单位用人自主权。发挥用人单位在人才培养、吸引和使用中的主体作用。

主要任务：按照政府行政管理体制改革的总体部署，完善人才管理运行机制。规范行政行为，推动人才管理部门进一步简政放权，减少和规范人才评价、流动等环节中的行政审批和收费事项。分类推进事业单位人事制度改革，逐步建立起权责清晰、分类科学、机制灵活、监管有力的事业单位人事管理制度。克服人才管理中存在的行政化、“官本位”倾向，取消科研院所、学校、医院等事业单位实际存在的行政级别和行政化管理模式。在科研、医疗等事业单位探索建立理事会、董事会等形式的法人治理结构。建立与现代科研院所制度、现代大学制度和公共医疗卫生制度相适应的人才管理制度。完善国有企业领导人员管理体制，健全符合现代企业制度要求的企业人事制度。鼓励地方和行业结合自身实际建立与国际人才管理体系接轨的人才管理改革试验区。

3. 加强人才工作法制建设

目标要求：坚持用法制保障人才，推进人才管理工作科学化、制度化、规范化，形成有利于人才发展的法制环境。加强立法工作，建立健全涵盖国家人才安全保障、人才权益保护、人才市场管理和人才培养、吸引、使用等人才资源开发管理各个环节的人才法律法规。

主要任务：研究制定人才开发促进法和终身学习、工资管理、事业单位人事管理、专业技术人才继续教育、职业资格管理、人力资源市场管理、外国专家来华工作等方面的法律法规。完善保护人才和用人主体合法权益的法律法规。

（二）创新人才工作机制

1. 人才培养开发机制

目标要求：坚持以国家发展需要和社会需求为导向，以提高思想道德素质和创新能力为核心，完善现代国民教育和终身教育体系，注重在实践中发现、培养、造就人才，构建人人能够成才、人人得到发展的人才培养开发机制。坚持面向现代化、面向世界、面向未来，充分发挥教育在人才培养中的基础性作用，立足培养全面发展的人才，突出培养创新型人才，注重培养应用型人才，深化教育改革，促进教育公平，提高教育质量。统筹规划继续教育，基本形成学习型社会。

主要任务：把社会主义核心价值体系教育贯穿人才培养开发全过程，不断提高各类人才的思想道德水平。建立人才培养结构与经济社会发展需求相适应的动态调控机制，优化教育学科专业、类型、层次结构和区域布局。创新人才培养模式，全面推进素质教育。坚持因材施教，建立高等学校拔尖学生重点培养制度，实行特殊人才特殊培养。改革高等学校招生考试制度，建立健全多元招生录取机制，提高人才培养质量。建立社会参与的人才培养质量评价机制。完善发展职业教育的保障机制，改革职业教育模式。完善在职人员继续教育制度，分类制定在职人员定期培训办法，倡导干中学。构建网络化、开放式、自主性终身教育体系，大力发展现代远程教育，支持发展各类专业化培训机构。支持建立军民结合、寓军于民的军队人才培养体系。

2. 人才评价发现机制

目标要求：建立以岗位职责要求为基础，以品德、能力和业绩为导向，科学化、社会化的人才评价发现机制。完善人才评价标准，克服唯学历、唯论文倾向，对人才不求全责备，注重靠实践和贡献评价人才。改进人才评价方式，拓宽人才评价渠道。把评价人才和发现人才结合起来，坚持在实践和群众中识别人才、发现人才。

主要任务：健全科学的职业分类体系，建立各类人才能力素质标准。建立以岗位绩效考核为基础的事业单位人员考核评价制度。分行业制定事业单位领导人员考核评价办法。完善重在业内和社会认可的专业技术人才评价机制。加快推进职称制度改革，规范专业技术人才职业准入，依法严格管理；完善专业技术人才职业水平评价办法，提高社会化程度；完善专业技术职务任职评价办法，落实用人单位在专业技术职务（岗位）聘任中的自主权。完善以任期目标为依据、工作业绩为核心的国有企业领导人员考核评价办法。探索技能人才多元评价机制，逐步完善社会化职业技能鉴定、企业技能人才评价、院校职业资格认证和专项职业能力考核办法。健全完善党政领导干部考核评价机制。建立健全公务员职位分类制度。建立在重大科研、工程项目实施和急难险重工作中发现、识别人才的机制。健全举才荐才的社会化机制。

3. 人才选拔任用机制

目标要求：改革各类人才选拔使用方式，科学合理使用人才，促进人岗相适、用当其时、人尽其才，形成有利于各类人才脱颖而出、充分施展才能的选人用人机制。深化党政领导干部选拔任用制度改革，提高选人用人公信度。健全国有企业领导人员选拔制度，加大市场化选聘力度。完善事业单位聘用制度和岗位管理制度，健全事业单位领导人员选拔制度。

主要任务：完善党政领导干部公开选拔、竞争上岗制度，探索公推公选等竞争性选拔干部方式。规范干部选拔任用提名制度。推行和完善地方党委讨论决定任用重要干部票决制。坚持和完善党政领导干部职务任期制。建立聘任制公务员管理制度。建立组织选拔、市场配置和依法管理相结合的国有企业领导人员选拔任用制度，完善国有资产出资人代表派出制和选举制。健全事业单位领导人员委任、聘任、选任等任用方式。全面推行事业单位公开招聘、竞聘上岗和合同管理制度。建立事业单位关键岗位和国家重大项目负责人全球招聘制度。

4. 人才流动配置机制

目标要求：根据完善社会主义市场经济体制的要求，推进人才市场体系建设，完善市场服务功能，畅通人才流动渠道，建立政府部门宏观调控、市场主体公平竞争、中介组织提供服务、人才自主择业的人才流动配置机制。健全人才市场供求、价格、竞争机制，进一步促进人才供求主体到位。大力发展人才服务业。加强政府对人才流动的政策引导和监督，推动产业、区域人才协调发展，促进人才资源有效配置。

主要任务：在建立统一规范、更加开放的人力资源市场基础上，发展专业性、行业性人才市场。健全专业化、信息化、产业化、国际化的人才市场服务体系。积极培育专业化人才服务机构，注重发挥人才服务行业协会作用。进一步破除人才流动的体制性障碍，制定发挥市场配置人才资源基础性作用的政策措施。推进政府所属人才服务机构管理体制改革，实现政事分开、管办分离。逐步建立城乡统一的户口登记制度，调整户口迁移政策，使之有利于引进人才。加快建立社会化的人才档案公共管理服务系统。完善社会保险关系转移接续办法。建立人才需求信息定期发布制度。完善劳动合同、人事争议仲裁、人才竞业避止等制度，维护各类人才和用人单位的合法权益。建立完善与西部大开发、东北地区等老工业基地振兴、中部地区崛起、东部地区率先发展战略相配套的区域人才交流合作机制，加快长江三角洲、珠江三角洲、环渤海等区域人才开发一体化进程。根据国家主体功能区布局，引导各类人才合理分布。

5. 人才激励保障机制

目标要求：完善分配、激励、保障制度，建立健全与工作业绩紧密联系、充分体现人才价值、有利于激发人才活力和维护人才合法权益的激励保障机制。完善各类人才薪酬制度，加强对收入分配的宏观管理，逐步建立秩序规范、激发活力、注重公平、监管有力的工资制度。坚持精神激励和物质奖励相结合，健全以政府奖励为导向、用人单位和社会力量奖励为主体的人才奖励体系。完善以养老保险和医疗保险为重点的社会保障制度，形成国家、社会和单位相结合的人才保障体系。

主要任务：统筹协调党政机关和国有企事业单位收入分配，稳步推进工资制度改革。建立产权激励制度，制定知识、技术、管理、技能等生产要素按贡献参与分配的办法。健全国有企业人才激励机制，推行股权、期权等中长期激励办法，重点向创新创业人才倾斜。逐步提高企业退休人员基本养老金，对在企业退休的高层次专业技术人员给予重点倾斜。建立完善事业单位岗位绩效工资制度。探索高层次人才、高技能人才协议工资制和项目工资制等多种分配形式。建立国家荣誉制度，表彰在经济社会发展中作出杰出贡献的人才。调整规范各类人才奖项设置。研究制定人才补充保险办法，支持用人单位为各类人才建立补充养老、医疗保险。扩大对农村、非公有制经济组织、新社会组织人才的社会保障覆盖面。

四、重大政策

（一）实施促进人才投资优先保证的财税金融政策

各级政府优先保证对人才发展的投入，确保国家教育、科技支出增长幅度高于财政经常性收入增长幅度，卫生投入增长幅度高于财政经常性支出增长幅度。逐步改善经济社会发展的要素投入结构，较大幅度增加人力资本投资比重，提高投资效益。进一步加大人才发展资金投入力度，保障人才发展重大项目的实施。鼓励和支持企业和社会组织建立人才发展基金。在重大建设和科研项目经费中，应安排部分经费用于人才培训。适当调整财政税收政策，提高企业职工培训经费的提取比例。通过税收、贴息等优惠政策，鼓励和引导社会、用人单位、个人投资人才资源开发。加大对中西部地区财政转移支付力度，引导中西部地区加大人才投入。利用国际金融组织和外国政府贷款投资人才开发项目。

（二）实施产学研合作培养创新人才政策

建立政府指导下以企业为主体、市场为导向、多种形式的产学研战略联盟，通过共建科技创新平台、开展合作教育、共同实施重大项目等方式，培养高层次人才和创新团队。实施研究生教育创新计划，发展专业学位教育，建立高等学校、科研院所、企业高层次人才双向交流制度，推行产学研联合培养研究生的“双导师制”。改革完善博士后制度，建立多元化的投入渠道，发挥高等学校、科研院所和企业的主体作用，提高博士后培养质量。实行“人才+项目”的培养模式，依托国家重大人才计划以及重大科研、工程、产业攻关、国际科技合作等项目，重视发挥企业作用，在实践中集聚和培养创新人才。对企业等用人单位接纳高等学校、职业学校学生实习等实行财税优惠政策。

（三）实施引导人才向农村基层和艰苦边远地区流动政策

对在农村基层和艰苦边远地区工作的人才，在工资、职务、职称等方面实行倾斜政策，提高艰苦边远地区津贴标准，改善工作和生活条件。采取政府购买岗位、报考公职人员优先录用等措施，鼓励和引导高校毕业生到农村和中小企业就业。逐步提高省级以上党政机关从基层招录公务员的比例。制定高校毕业生到艰苦边远地区创业就业扶持办法。开发基层社会管理和公共服务岗位。实施公职人员到基层服务和锻炼的派遣和轮调办法。完善科技特派员到农村和企业服务的政策措施。实施东部带西部、城市带农村的人才对口支持政策，引导人才向西部和农村流动。实施高校毕业生基层培养计划，继续做好“三支一扶”、大学生志愿服务西部计划和农村义务教育阶段学校教师特设岗位计划等工作。加强和改进干部援藏援疆、博士服务团、“西部之光”访问学者、少数民族科技骨干和少数民族地区小学“双语”教师特殊培养等工作，为西部地区特别是边疆少数民族地区提供人才和智力支持。实施边远贫困地区、边疆民族地区和革命老区人才支持计划。

（四）实施人才创业扶持政策

促进知识产权质押融资、创业贷款等业务的规范发展，完善支持人才创业的金融政策。完善知识产权、技术等作为资本参股的措施。加大税收优惠、财政贴息力度，扶持创业风险投资基金，支持创办科技型企业，促进科技成果转化和技术转移。加强创业技能培训和创业服务指导，提高创业成功率。继续加大对创业孵化器等基础设施的投入，创建创业服务网络，探索多种组织形式，为人才创业提供服务。制定科研机构、高等学校科技人员创办科技型企业的激励保障办法。

（五）实施有利于科技人员潜心研究和创新政策

在科研院所、高等学校、企业建立符合科技人员和管理人员不同特点的职业发展途径，鼓励和支持科技人员在创新实践中成就事业并享有相应的社会地位和经济待遇。对事业单位管理人员全面推行职员制度。完善科研管理制度，扩大科研机构用人自主权和科研经费使用自主权，健全科研机构内部决策、管理和监督的各项制度。建立以学术和创新绩效为主导的资源配置和学术发展模式。改进科技评价和奖励方式，完善以创新和质量为导向的科研评价办法，克服考核过于频繁、过度量化的倾向。加大对基础研究、前沿技术研究、社会公益类科研机构的投入力度，建立以财政性资金设立的科研机构创新绩效综合评价制度。完善科技经费管理办法和国家科技计划管理办法，对高水平创新团队给予长期稳定支持。健全科研院所分配激励机制，注重向科研关键岗位和优秀拔尖人才倾斜。改善青年科技人才的生活条件，有条件的城市可在国家保障性住房建设中优先解决住房问题。

（六）实施推进党政人才、企业经营管理人才、专业技术人才合理流动政策

完善党政人才、企业经营管理人才、专业技术人才交流和挂职锻炼制度，打破人才身份、单位、部门和所有制限制，营造开放的用人环境。扩大党政机关和国有企事业单位领导人员跨地区跨部门交流任职范围。拓宽党政人才来源渠道，完善从企事业单位和社会组织选拔人才制度。完善党政机关人才向企事业单位流动的社会保险关系转移接续办法。

（七）实施更加开放的人才政策

大力吸引海外高层次人才回国（来华）创新创业，制定完善出入境和长期居留、税收、保险、住房、子女入学、配偶安置，担任领导职务、承担重大科技项目、参与国家标准制定、参加院士评选和政府奖励等方面的特殊政策措施。建立海外高层次人才特聘专家制度。鼓励海外留学人员回国工作、创业或以多种方式为国服务。加强留学人员创业园区建设，提供创业资助和融资服务。建立统一的海外高层次人才信息库和人才需求信息发布平台。完善外国人永久居留权制度，吸引外籍高层次人才来华工作。加大引进国外智力工作力度，探索实行技术移民，制定国外智力资源供给、发现评价、市场准入、使用激励、绩效评估、引智成果共享等办法。扩大国家公派出国留学和来华留学规模。开发国（境）外优质教育培训资源，完善出国（境）培训管理制度和措施。支持高等学校、科研院所与海外高水平教育、科研机构建立联合研发基地。推动我国企业设立海外研发机构。积极支持和推荐优秀人才到国际组织任职。推进专业技术人才职业资格国际、地区间互认。发展国际人才市场，培育一批国际人才中介服务机构。制定维护国家重要人才安全的政策措施。

（八）实施鼓励非公有制经济组织、新社会组织人才发展政策

对社会主义市场经济体制下各种所有制组织中的人才，坚持一视同仁、平等对待。把非公有制经济组织、新社会组织人才开发纳入各级政府人才发展规划。制定加强非公有制经济组织、新社会组织人才队伍建设意见。政府在人才培养、吸引、评价、使用等方面的各项政策，非公有制经济组织、新社会组织人才平等享受。政府支持人才创新创业的资金、项目、信息等公共资源，向非公有制经济组织、新社会组织人才平等开放。政府开展人才宣传、表彰、奖励等方面活动，非公有制经济组织、新社会组织人才平等参与。

（九）实施促进人才发展的公共服务政策

完善政府人才公共服务体系，建立全国一体化的服务网络。健全人事代理、社会保险代理、企业用工登记、劳动人事争议调解仲裁、人事档案管理、就业服务等公共服务平台，满足人才多样化需求。创新政府提供人才公共服务的方式，建立政府购买公共服务制度，为各类人才平衡工作和家庭责任创造条件。加强对人才公共服务产品的标准化管理，大力开发公共服务产品。

（十）实施知识产权保护政策

实施国家知识产权战略。制定职务技术成果条例，完善科技成果知识产权归属和利益分享机制，保护科技成果创造者的合法权益。明确职务发明人权益，提高主要发明人受益比例。制定职务发明人流动中的利益共享办法。建立

非职务发明评价体系，加强对非职务发明创造的支持和管理。制定国家支持个人和中小企业发明创造的资助办法，鼓励创造知识财产。加强专利技术运用转化平台建设。完善非物质文化遗产传承人知识产权保护相关措施。完善知识产权工作体系，加大知识产权宣传普及和执法保护力度。建立健全有利于知识产权保护的社会信用制度。营造保护知识产权的法制、市场和文化氛围，提升知识产权创造、运用、保护和管理能力，推进国际合作交流。

五、重大人才工程

（一）创新人才推进计划

为积极应对国际科技竞争，提高自主创新能力，着眼于培养造就一批世界水平的科学家，在我国具有相对优势的科研领域设立100个科学家工作室；瞄准世界科技前沿和战略性新兴产业，每年重点支持和培养一批具有发展潜力的中青年科技创新领军人才；着眼于推动企业成为技术创新主体，每年重点扶持1000名科技创新创业人才；依托一批国家重大科研项目、国家重点工程和重大建设项目，建设若干重点领域创新团队；以高等学校、科研院所和高新技术产业开发区为依托，建设300个创新人才培养示范基地。

（二）青年英才开发计划

着眼于人才基础性培养和战略性开发，提升我国未来人才竞争力，在自然科学、哲学社会科学和文化艺术等重点学科领域，每年重点培养扶持一批青年拔尖人才；在高水平研究型大学和科研院所的优势基础学科建设一批国家青年英才培养基地，按照严入口、小规模、重特色、高水平的原则，每年选拔一批拔尖大学生进行专门培养；为培养造就未来国家所需的高素质、专业化管理人才，每年从应届高中、大学毕业生中筛选若干优秀人才送到国外一流大学深造，进行定向跟踪培养。

（三）企业经营管理人才素质提升工程

着眼于提高我国企业现代化经营管理水平和国际竞争力，到2020年，培养一批具有世界眼光、战略思维、创新精神和经营能力的企业家；培养1万名精通战略规划、资本运作、人力资源管理、财会、法律等专业知识的企业经营管理人才。

（四）高素质教育人才培养工程

为建设一支高素质、创新型教育人才队伍，通过研修培训、学术交流、项目资助等方式，每年重点培养和支持2万名各类学校教育教学骨干、“双师型”教师、学术带头人和校长，在中小学校、职业院校、高等学校培养造就一批教育家、教学名师和学科领军人才。

（五）文化名家工程

为更好地推动宣传思想文化工作，进一步提高国家文化软实力，着眼于培养造就一批造诣高深、成就突出、影响广泛的宣传思想文化领域杰出人才，每年重点扶持、资助一批哲学社会科学、新闻出版、广播影视、文化艺术、文物保护名家承担重大课题、重点项目、重要演出，开展创作研究、展演交流、出版专著等活动。到2020年，由国家资助的宣传思想文化领域文化名家达到2 000名。

（六）全民健康卫生人才保障工程

适应深化医药卫生体制改革、保障全民健康需要，加大对卫生人才培养支持力度。到2020年，培养造就一批医学杰出骨干人才，给予科研专项经费支持；开展住院医师规范化培训工作，支持培养5万名住院医师；加强以全科医师为重点的基层卫生人才队伍建设，通过多种途径培训30万名全科医师，提高基层医疗卫生服务能力。

（七）海外高层次人才引进计划

重点围绕国家发展战略目标，在中央、国家有关部门、地方分层次、有计划引进一批能够突破关键技术、发展高新技术产业、带动新兴学科的战略科学家和创新创业领军人才。其中，中央层面实施“千人计划”，建设一批海外高层次人才创新创业基地，用5~10年时间引进2 000名左右海外高层次人才回国（来华）创新创业。

（八）专业技术人才知识更新工程

围绕我国经济结构调整、高新技术产业发展和自主创新能力的提高，在装备制造、信息、生物技术、新材料、海洋、金融财会、生态环境保护、能源资源、防灾减灾、现代交通运输、农业科技、社会工作等重点领域，开展大规模的知识更新继续教育，每年培训100万名高层次、急需紧缺和骨干专业技术人才，到2020年，累计培训1 000万名左右。依托高等学校、科研院所和大型企业现有施教机构，建设一批国家级继续教育基地。

（九）国家高技能人才振兴计划

适应走新型工业化道路、加快产业结构优化升级的需要，加强职业院校和实训基地建设，培养造就一大批具有精湛技艺的高技能人才。到2020年，在全国建成一批技能大师工作室、1 200个高技能人才培训基地，培养100万名高级技师。

（十）现代农业人才支撑计划

适应建设社会主义新农村、加快发展现代农业的需要，加大对现代农业的人才支持力度。到2020年，选拔一批农业科研杰出人才，给予科研专项经费支持；支持1万名有突出贡献的农业技术推广人才，开展技术交流、学习研修、观摩展示等活动；选拔3万名农业产业化龙头企业负责人和专业合作组织负责人、10万名生产能手和农村经纪人等优秀生产经营人才，给予重点扶持。

（十一）边远贫困地区、边疆民族地区和革命老区人才支持计划

为促进边远贫困地区、边疆民族地区和革命老区加快发展，实现基本公共服务均等化目标，在职务、职称晋升等方面采取倾斜政策，每年引导10万名优秀教师、医生、科技人员、社会工作者、文化工作者到边远贫困地区、边疆民族地区和革命老区工作或提供服务。每年重点扶持培养1万名边远贫困地区、边疆民族地区和革命老区急需紧缺人才。

（十二）高校毕业生基层培养计划

着眼于解决基层特别是中西部地区基层人才匮乏问题，培养锻炼后备人才，积极引导和鼓励高校毕业生到基层创业就业。实施一村一名大学生计划，用5年时间，先期选派10万名高校毕业生到村任职，到2020年，实现一村一名大学生目标。统筹各类大学生到基层服务创业计划。通过政府购买工作岗位、实施学费和助学贷款代偿、提供创业扶持等方式，引导高校毕业生到农村和社区服务、就业和自主创业。

六、组织实施

（一）加强对《人才规划纲要》实施工作的组织领导

中央人才工作协调小组负责《人才规划纲要》实施的统筹协调和宏观指导。制定各项目标任务的分解落实方案和重大工程实施办法。建立《人才规划纲要》实施情况的监测、评估、考核机制，加强督促检查。

（二）建立健全人才发展规划体系

各省（自治区、直辖市）、中央和国家机关有关部门要以《人才规划纲要》为指导，根据实际，编制地区、行业系统以及重点领域的人才发展规划，形成全国人才发展规划体系。

（三）营造实施《人才规划纲要》的良好社会环境

大力宣传党和国家人才工作的重大战略思想和方针政策，宣传实施《人才规划纲要》的重大意义和《人才规划纲要》的指导方针、目标任务、重大举措，宣传《人才规划纲要》实施中的典型经验、做法和成效，形成全社会关心、支持人才发展的良好社会氛围。

（四）加强人才工作基础性建设

深入开展人才理论研究，积极探索人才资源开发规律。加强人才学科和研

究机构建设。建立健全人才资源统计和定期发布制度。推进人才工作信息化建设，建立人才信息网络和数据库。加强人才工作队伍建设，加大培训力度，提高人才工作队伍的政治素质和业务水平。

中国人民解放军和中国人民武装警察部队人才发展规划，由中央军委另行制定。

附录二　国务院关于促进创业投资持续健康发展的若干意见国发〔2016〕53号

各省、自治区、直辖市人民政府，国务院各部委、各直属机构：

创业投资是实现技术、资本、人才、管理等创新要素与创业企业有效结合的投融资方式，是推动大众创业、万众创新的重要资本力量，是促进科技创新成果转化的助推器，是落实新发展理念、实施创新驱动发展战略、推进供给侧结构性改革、培育发展新动能和稳增长、扩就业的重要举措。近年来，我国创业投资快速发展，不仅拓宽了创业企业投融资渠道、促进了经济结构调整和产业转型升级，增强了经济发展新动能，也提高了直接融资比重、拉动了民间投资服务实体经济，激发了创业创新、促进了就业增长。但同时也面临着法律法规和政策环境不完善、监管体制和行业信用体系建设滞后等问题，存在一些投资“泡沫化”现象以及非法集资风险隐患。按照党中央、国务院的决策部署，为进一步促进创业投资持续健康发展，现提出以下意见。

一、总体要求

创业投资是指向处于创建或重建过程中的未上市成长性创业企业进行股权投资，以期所投资创业企业发育成熟或相对成熟后，主要通过股权转让获取资本增值收益的投资方式。天使投资是指除被投资企业职员及其家庭成员和直系亲属以外的个人以其自有资金直接开展的创业投资活动。发展包括天使投资在内的各类创业投资，应坚持以下总体要求：

（一）指导思想。

牢固树立和贯彻落实创新、协调、绿色、开放、共享的发展理念，着力推进供给侧结构性改革，深入实施创新驱动发展战略，大力推进大众创业万众创新，使市场在资源配置中起决定性作用和更好发挥政府作用，进一步深化简政放权、放管结合、优化服务改革，不断完善体制机制，健全政策措施，加强统筹协调和事中事后监管，构建促进创业投资发展的制度环境、市场环境和生态环境，加快形成有利于创业投资发展的良好氛围和“创业、创新+创投”的协同互动发展格局，进一步扩大创业投资规模，促进创业投资做大做强做优，培育一批具有国际影响力和竞争力的中国创业投资品牌，推动我国创业投资行业跻身世界先进行列。

（二）基本原则。

一是坚持服务实体。创业投资是改善投资结构、增加有效投资的重要手段。要进一步深化简政放权、放管结合、优化服务改革，创新监管方式，既要重视发挥大企业的骨干作用，也要通过创业投资激发广大中小企业的创造力和活力。以支持实体经济发展、助力创业企业发展为本，引导创业投资企业和创业投资管理企业秉承价值投资理念，鼓励长期投资和价值投资，防范和化解投资估值“泡沫化”可能引发的市场风险，积极应对新动能成长过程中对传统产业和行业可能造成的冲击，妥善处理好各种矛盾，加大对实体经济支持的力度，增强可持续性，构建“实体创投”投资环境。

二是坚持专业运作。以市场为导向，充分调动民间投资和市场主体的积极性，发挥市场规则作用，激发民间创新模式，防止同质化竞争。鼓励创业投资企业和创业投资管理企业从自身独特优势出发，强化专业化投资理念和投资策略，深化内部体制机制创新，加强对投资项目的投后管理和增值服务，不断提高创业投资行业专业化运作和管理水平，夯实“专业创投”运行基础。

三是坚持信用为本。以诚信为兴业之本、发展之基，加强创业投资行业信用体系建设，建立和完善守信联合激励和失信联合惩戒制度，促进创业投资企业和创业投资管理企业诚信守法，忠实履行对投资者的诚信义务，创建“信用创投”发展环境。

四是坚持社会责任。围绕推进创新型国家建设、支持大众创业万众创新、促进经济结构调整和产业转型升级的使命和社会责任，推动创业投资行业严格按照国家有关法律法规和相关产业政策开展投资运营活动，按照市场化、法治化原则，促进创业投资良性竞争和绿色发展，共同维护良好市场秩序，树立“责任创投”价值理念。

二、培育多元创业投资主体

（三）加快培育形成各具特色、充满活力的创业投资机构体系。

鼓励各类机构投资者和个人依法设立公司型、合伙型创业投资企业。鼓励行业骨干企业、创业孵化器、产业（技术）创新中心、创业服务中心、保险资产管理机构等创业创新资源丰富的相关机构参与创业投资。鼓励具有资本实力和管理经验的个人通过依法设立一人公司从事创业投资活动。鼓励和规范发展市场化运作、专业化管理的创业投资母基金。（国家发展改革委、科技部、工业和信息化部、人力资源社会保障部、商务部、国务院国资委、工商总局、银监会、证监会、保监会按职责分工负责）

（四）积极鼓励包括天使投资人在内的各类个人从事创业投资活动。

鼓励成立公益性天使投资人联盟等各类平台组织，培育和壮大天使投资人群体，促进天使投资人与创业企业及创业投资企业的信息交流与合作，营造良好的天使投资氛围，推动天使投资事业发展。规范发展互联网股权融资平台，为各类个人直接投资创业企业提供信息和技术服务。（国家发展改革委、科技部、证监会按职责分工负责）

三、多渠道拓宽创业投资资金来源

（五）大力培育和发展合格投资者。

在风险可控、安全流动的前提下，支持中央企业、地方国有企业、保险公司、大学基金等各类机构投资者投资创业投资企业和创业投资母基金。鼓励信托公司遵循价值投资和长期投资理念，充分发挥既能进行创业投资又能发放贷款的优势，积极探索新产品、新模式，为创业企业提供综合化、个性化金融和投融资服务。培育合格个人投资者，支持具有风险识别和风险承受能力的个人参与投资创业投资企业。（国家发展改革委、财政部、国务院国资委、银监会、证监会、保监会按职责分工负责）

（六）建立股权债权等联动机制。

按照依法合规、风险可控、商业可持续的原则，建立创业投资企业与各类金融机构长期性、市场化合作机制，进一步降低商业保险资金进入创业投资领域的门槛，推动发展投贷联动、投保联动、投债联动等新模式，不断加大对创业投资企业的投融资支持。加强“防火墙”相关制度建设，有效防范道德风险。支持银行业金融机构积极稳妥开展并购贷款业务，提高对创业企业兼并重组的金融服务水平。完善银行业金融机构投贷联动机制，稳妥有序推进投贷联动业务试点，推动投贷联动金融服务模式创新。支持创业投资企业及其股东依法依规发行企业债券和其他债务融资工具融资，增强投资能力。（国家发展改革委、科技部、人民银行、银监会、证监会、保监会按职责分工负责）

四、加强政府引导和政策扶持

（七）完善创业投资税收政策。

按照税收中性、税收公平原则和税制改革方向与要求，统筹研究鼓励创业投资企业和天使投资人投资种子期、初创期等科技型企业的税收支持政策，进一步完善创业投资企业投资抵扣税收优惠政策，研究开展天使投资人个人所得税政策试点工作。（国家发展改革委、科技部、财政部、商务部、税务总局、证监会按职责分工负责）

（八）建立创业投资与政府项目对接机制。

在全面创新改革试验区域、双创示范基地、国家高新区、国家自主创新示范区、产业（技术）创新中心、科技企业孵化器、众创空间等，开放项目（企业）资源，充分利用政府项目资源优势，搭建创业投资与企业信息共享平台，打通创业资本和项目之间的通道，引导创业投资企业投资于国家科技计划（专项、基金等）形成科技成果的转化。挖掘农业领域创业投资潜力，依托农村产业融合发展园区、农业产业化示范基地、农民工返乡创业园等，通过发展第二、三产业，改造提升第一产业。有关方面要配合做好项目对接和服务。（国家发展改革委、科技部、工业和信息化部、农业部、商务部按职责分工负责）

（九）研究鼓励长期投资的政策措施。

倡导长期投资和价值投资理念，研究对专注于长期投资和价值投资的创业投资企业在企业债券发行、引导基金扶持、政府项目对接、市场化退出等方面给予必要的政策支持。研究建立所投资企业上市解禁期与上市前投资期限长短反向挂钩的制度安排。（国家发展改革委、科技部、财政部、人民银行、证监会按职责分工负责）

（十）发挥政府资金的引导作用。

充分发挥政府设立的创业投资引导基金作用，加强规范管理，加大力度培育新的经济增长点，促进就业增长。充分发挥国家新兴产业创业投资引导基金、国家中小企业发展基金、国家科技成果转化引导基金等已设立基金的作用。对于已设立基金未覆盖且需要政府引导支持的领域，鼓励有条件的地方按照“政府引导、市场化运作”原则推动设立创业投资引导基金，发挥财政资金的引导和聚集放大作用，引导民间投资等社会资本投入。进一步提高创业投资引导基金市场化运作效率，促进政策目标实现，维护出资人权益。鼓励创业投资引导基金注资市场化母基金，由专业化创业投资管理机构受托管理引导基金。综合运用参股基金、联合投资、融资担保、政府出资适当让利于社会出资等多种方式，进一步发挥政府资金在引导民间投资、扩大直接融资、弥补市场失灵等方面的作用。建立并完善创业投资引导基金中政府出资的绩效评价制度。（国家发展改革委、科技部、工业和信息化部、财政部按职责分工负责）

五、完善创业投资相关法律法规

（十一）构建符合创业投资行业特点的法制环境。

进一步完善促进创业投资发展相关法律法规，研究推动相关立法工作，推动完善公司法和合伙企业法。完善创业投资相关管理制度，推动私募投资基金管理暂行条例尽快出台，对创业投资企业和创业投资管理企业实行差异化监管和行业自律。完善外商投资创业投资企业管理制度。（国家发展改革委、商务部、证监会按职责分工负责）

（十二）落实和完善国有创业投资管理制度。

鼓励国有企业集众智，开拓广阔市场空间，增强国有企业竞争力。支持有需求、有条件的国有企业依法依规、按照市场化方式设立或参股创业投资企业和创业投资母基金。强化国有创业投资企业对种子期、初创期等创业企业的支持，鼓励国有创业投资企业追求长期投资收益。健全符合创业投资行业特点和发展规律的国有创业投资管理体制，完善国有创业投资企业的监督考核、激励约束机制和股权转让方式，形成鼓励创业、宽容失败的国有创业投资生态环境。支持具备条件的国有创业投资企业开展混合所有制改革试点，探索国有创业投资企业和创业投资管理企业核心团队持股和跟投。探索地方政府融资平台公司转型升级为创业投资企业。依法依规豁免国有创业投资企业和国有创业投资引导基金国有股转持义务。（国家发展改革委、财政部、国务院国资委、证监会按职责分工负责）

六、进一步完善创业投资退出机制

（十三）拓宽创业投资市场化退出渠道。

充分发挥主板、创业板、全国中小企业股份转让系统以及区域性股权市场功能，畅通创业投资市场化退出渠道。完善全国中小企业股份转让系统交易机制，改善市场流动性。支持机构间私募产品报价与服务系统、证券公司柜台市场开展直接融资业务。鼓励创业投资以并购重组等方式实现市场化退出，规范发展专业化并购基金。（证监会牵头负责）

七、优化创业投资市场环境

（十四）优化监管环境。

实施更多的普惠性支持政策措施，营造公平竞争的发展环境，深化简政放权、放管结合、优化服务改革，搞好服务，激发活力。坚持适度监管、差异监管和统一功能监管，创新监管方式，有效防范系统性区域性风险。对创业投资企业在行业管理、备案登记等方面采取与其他私募基金区别对待的差异化监管政策，建立适应创业投资行业特点的宽市场准入、重事中事后监管的适度而有效的监管体制。加强信息披露和风险揭示，引导创业投资企业建立以实体投资、价值投资和长期投资为导向的合理的投资估值机制。对不进行实业投资、从事上市公司股票交易、助推投资泡沫及其他扰乱市场秩序的创业投资企业建立清查清退制度。建立行业规范，强化创业投资企业内控机制、合规管理和风险管理机制。加强投资者保护，特别是要进一步完善产权保护制度，依法保护产权和投资者合法经营、合法权益和合法财产。加强投资者教育，相关投资者应为具有风险识别和风险承受能力的合格投资者。建立并完善募集资金的托管制度，规范创业投资企业募集资金行为，打击违法违规募集资金行为。健全对创业投资企业募集资金、投资运作等与保护投资者权益相关的制度规范，加强日常监管。（国家发展改革委、科技部、国务院国资委、证监会按职责分工负责）

（十五）优化商事环境。

各地区、各部门不得自行出台限制创业投资企业和创业投资管理企业市场准入和发展的有关政策。建立创业投资行业发展备案和监管备案互联互通机制，为创业投资企业备案提供便利，放宽创业投资企业的市场准入。持续深化商事制度改革，提高工商登记注册便利化水平。促进创业投资行业加强品牌建设。（国家发展改革委、工商总局、证监会会同各有关部门按职责分工负责）

（十六）优化信用环境。

有关部门、行业组织和社会征信机构要进一步建立健全创业投资企业、创业投资管理企业及其从业人员信用记录，实现创业投资领域信用记录全覆盖。推动创业投资领域信用信息纳入全国信用信息共享平台，并与企业信用信息公示系统实现互联互通。依法依规在“信用中国”网站和企业信用信息公示系统公示相关信息。加快建立创业投资领域严重失信黑名单制度，鼓励有关社会组织探索建立守信红名单制度，依托全国信用信息共享平台，按照有关法律法规和政策规定实施守信联合激励和失信联合惩戒。建立健全创业投资行业信用服务机制，推广使用信用产品。（国家发展改革委、商务部、人民银行、工商总局、证监会按职责分工负责）

（十七）严格保护知识产权。

完善知识产权保护相关法律法规和制度规定，加强对创业创新早期知识产权保护，在市场竞争中培育更多自主品牌，健全知识产权侵权查处机制，依法惩治侵犯知识产权的违法犯罪行为，将企业行政处罚、黑名单等信息纳入全国信用信息共享平台，对严重侵犯知识产权的责任主体实施联合惩戒，并通过“信用中国”网站、企业信用信息公示系统等进行公示，创造鼓励创业投资的良好知识产权保护环境。（国家发展改革委、人民银行、工商总局、知识产权局、证监会等按职责分工负责）

八、推动创业投资行业双向开放

（十八）有序扩大创业投资对外开放。

发展创业投资要坚持走开放式发展道路，通过吸引境外投资，引进国际先进经验、技术和管理模式，提升我国创业投资企业的国际竞争力。按照对内外资一视同仁的原则，放宽外商投资准入，简化管理流程，鼓励外资扩大创业投资规模，加大对种子期、初创期创业企业支持力度。鼓励和支持境内外投资者在跨境创业投资及相关的投资贸易活动中使用人民币。允许外资创业投资企业按照实际投资规模将外汇资本金结汇所得的人民币划入被投资企业。（国家发展改革委、商务部、人民银行、国家外汇局按职责分工负责）

（十九）鼓励境内有实力的创业投资企业积极稳妥“走出去”。

完善境外投资相关管理制度，引导和鼓励创业投资企业加大对境外及港、澳、台地区高端研发项目的投资，积极分享高端技术成果。（国家发展改革委、商务部、人民银行、国家外汇局按职责分工负责）

九、完善创业投资行业自律和服务体系

（二十）加强行业自律。

加快推进依法设立全国性创业投资行业协会，鼓励具备条件的地区成立创业投资协会组织，搭建行业协会交流服务平台。充分发挥行业协会在行业自律管理和政府与市场沟通中的积极作用，加强行业协会在政策对接、会员服务、信息咨询、数据统计、行业发展报告、人才培养、国际交流合作等方面的能力建设，支持行业协会推动创业投资行业信用体系建设和社会责任建设，维护有利于行业持续健康发展的良好市场秩序。（国家发展改革委、科技部、民政部、证监会按职责分工负责）

（二十一）健全创业投资服务体系。

加强与创业投资相关的会计、征信、信息、托管、法律、咨询、教育培训等各类中介服务体系建设。支持创业投资协会组织通过高等学校、科研院所、群团组织、创业投资企业、创业投资管理企业、天使投资人等多种渠道，以多种方式加强创业投资专业人才培养，加大教育培训力度，吸引更多的优秀人才从事创业投资，提高创业投资的精准度。（国家发展改革委、科技部、证监会按职责分工负责）

十、加强各方统筹协调

（二十二）加强政策顶层设计和统筹协调。

国家发展改革委要会同有关部门加强促进创业投资发展的政策协调，建立部门之间、部门与地方之间政策协调联动机制，加强创业投资行业发展政策和监管政策的协同配合，增强政策针对性、连续性、协同性。建立相关政府部门促进创业投资行业发展的信息共享机制。（国家发展改革委、证监会会同有关部门按职责分工负责）

各地区、各部门要把促进创业投资持续健康发展作为深入实施创新驱动发展战略、推动大众创业万众创新、促进经济结构调整和产业转型升级的一项重要举措，按照职责分工抓紧制定相关配套措施，加强沟通协调，形成工作合力，确保各项政策及时落实到位，积极发展新经济、培育新动能、改造提升传统动能，推动中国经济保持中高速增长、迈向中高端水平。

国务院

2016 年 9 月 16 日

后　记

凝视即将收官的书稿，回首博士后这三年平凡而充实的生活，感慨万千，一股感激之情也油然而生。

2014 年，在导师杨河清教授的精心栽培下，我获得了自己梦寐以求的经济学博士学位，成为一名大学教师。工作后的我，也非常幸运，在学院领导和同事们的帮助下，2015 年顺利获得了国家自然科学基金青年项目资助，2016 年进入了西南政法大学经济法学博士后流动站工作。在站期间，与合作导师盛学军教授开展了“制度水平、制度距离与海归知识溢出”的研究，本书便是在该项目的资助下的最新研究成果。

由于三年的博士生涯打下了坚实的基础，博士后进站后的研究也还算顺利，我先后获得了中国博士后特别资助和面上资助。在经济法学做博士后，使我的研究视野更开阔，跨学科的研究让我找到了更多可以研究的选题。在站期间，我于 2018 年获得了牛津大学访问学者的机会，一年的访学研究经历让我对本书的研究有了新的认识。

本书的完成离不开老师、领导、同事、同门师兄师姐师弟和师妹们的帮助，你们给予我的关心和帮助让我受用无穷。在职做博士后需要兼顾教学与科研，何尝容易。但在我们这样一个团结又融洽的学术团队里，无数次的讨论和论战激发了我的学术灵感，让我充分享受了知识外溢的妙处。

最后，由于本人学识有限，本书还有诸多待完善之处，这也使得我不敢懈怠。在今后的学习和工作中，我将不遗余力地勇往直前。

陈怡安

2020 年 2 月